安徽省成人高等教育公共网络课程教材

思想道德修养与法律基础

SIXIANG DAODE XIUYANG YU FALU JICHU

■ 路丙辉◎主编

安徽师范大学出版社
·芜湖·

策　　划:张奇才
责任编辑:谢晓博　陈　艳
装帧设计:任　彤

图书在版编目(CIP)数据

思想道德修养与法律基础 / 路丙辉主编. —芜湖 :安徽师范大学出版社, 2014.12
(2017.3 重印)
ISBN 978 - 7 - 5676 - 1702 - 5
Ⅰ. ①思… Ⅱ. ①路… Ⅲ. ①思想修养—师范大学—继续教育—教材 ②法律—中国—师范大学—继续教育—教材 Ⅳ. ①G651 ②D920.4

中国版本图书馆 CIP 数据核字(2014)第 280090 号

思想道德修养与法律基础
路丙辉　主编

出版发行:安徽师范大学出版社
芜湖市九华南路 189 号安徽师范大学花津校区　邮政编码:241002
网　　址:http://www.ahnupress.com/
发 行 部:0553 - 3883578　5910327　5910310(传真)　E-mail:asdcbsfxb@126.com
印　　刷:浙江新华数码印务有限公司
版　　次:2014 年 12 月第 1 版
印　　次:2017 年 3 月第 2 次印刷
规　　格:700 × 1000　1/16
印　　张:13.5
字　　数:183 千
书　　号:ISBN 978 - 7 - 5676 - 1702 - 5
定　　价:30.00 元

安徽省成人高等教育公共网络课程教材编委会

目 录

绪论 珍惜大学生活 开拓新的境界

人生的道路虽然漫长，但要紧处常常只有几步，特别是当人年轻的时候……你走错一步，可以影响人生的一个时期，也可以影响人生。

——柳 青

你有一个苹果，我有一个苹果，我们彼此交换，每人还是一个苹果；你有一种思想，我有一种思想，我们彼此交换，每人可拥有两种思想。

——萧伯纳

一个时代的人们不是担起属于他们时代的变革的重负，便是在它的压力下死于荒野。

——哈罗德·罗森堡

大学阶段是人生发展的黄金时期，是世界观、人生观、价值观、道德观和法制观形成的关键时期。尽快地适应大学生活，树立正确的世界观、人生观、价值观、道德观和法制观，学会怎样做人、如何处事是"思想道德修养与法律基础"课的首要任务。掌握社会主义核心价值体系的科学内涵以及学习"思想道德修养与法律基础"课的意义与方法，在理解社会主义核心价值体系的科学内涵的基础上，把"知"与"行"统一起来，自觉融入社会，成为合格的社会主义公民。

每年高等院校送老迎新之时，我们时常听到一些即将离开校园、走上社会的毕业生发自肺腑的感慨："假如时光倒流，我将拥有一个更加完美的大学生活!”“假如一切重新开始,我将不是现在的我!”类似的感慨每年虽有不同的表达,但都说明同样的问题:大学对于青年来说,不同的投入将会有不同的收获。这一点对于成人大学生来说也一样。或许由于年龄方面的差异,年龄稍长的成人大学生可能没有普通高校大学新生那么多的新奇和不适应,但是对于大学学习环境而言,依然是全新的。相对人生漫长的旅途,大学向每一位成人大学生开启的同样是崭新的阶段。

第一节　开启人生新阶段

大学是人生的新阶段,也是人生发展的关键阶段,更是个人走向社会的过渡环节。对于绝大多数人来说,大学是学生生涯的最后一个篇章,是由象牙塔向社会的过渡时期。在大学里,同学们要自觉地通过人际交往,逐步形成社会心理定向和社会心理模式,学会履行其社会角色,完成由自然人向社会人的角色转变。这一转变的过程是每个人都必须经历的过程,是一个从不知到知、从知之不多到知之甚多,从不成熟到成熟的社会成长过程。对同学们来说,大学是社会的驿站,走向社会是其必然的归宿和毕生的课题;从社会的角度来理解,社会化又是传承社会规范、社会角色要求、社会发展目标和社会生活基本知识、基本技能以及全部文化的过程,从这个角度理解,青年学生社会化是社会得以延续和发展的基本途径和条件。而青年学生社会化的必要条件是必须掌握基本的生活技能,接受并认识各种社会生活、社会行为规范,树立明确的个人生活目标,承担不同角色的责任。因此,在大学这一阶段,同学们将通过系统的专业知识的学习,奠定自己未来职业的基础;将通过各项素质和能力的培养,为迎接未来不断变化的时代做好准备;将通过在人际关系方面的锻炼,学会竞争与合作,提高社会交往的能力;将通过解决学习生活中遇到的各种问题与烦恼,锻炼自己应对挫折的能力。总之,大学是学生走向社会、迎接社会挑战、担负社会责任的最后一块训练场。

一、认识大学生活的特点，适应大学新生活

大学是知识的海洋。大学有浩瀚的图书资料和先进的仪器设备，是大学生学习广博的知识，培养必要的专业技能，顺利成长成才的重要基础。大学是良师的故乡。清华大学老校长梅贻琦先生曾经说过，所谓大学者，非谓有大楼之谓也，有大师之谓也。这些大师精通本专业的基础理论，了解最新的学术成果，具有丰富的科研实践经验。大学是求知的殿堂。同学们在这里，可以全面准确地掌握基础知识和专业知识，学到做人的道理，养成良好的学风。大学是栋梁的摇篮。大学有浓厚的学习研究氛围，是知识传播和运用的基地，是接受人文精神和科学精神熏陶的园地。与中学相比，大学生活发生了巨大的变化，了解这些变化，有利于同学们更好地认识大学生活的特点。

学习上的自主性。相对于中学而言，大学的学习发生了众多变化。知识的广度和深度大大增加，专业方向基本确定，需要充分发挥学习的主动性和创造性。在这样的情况下，自主学习变得非常重要，要求同学们变被动学习为主动学习，明确自己要学什么，合理利用图书馆和互联网搜集资料和信息，合理分配时间。广泛涉猎相关知识，掌握科学的学习方法，培养自主学习和独立思考问题、分析问题、解决问题的能力，因此，自主学习是大学学习生活的主要特点。

生活上的独立性。独立是健康人格的重要内容。成人大学生要学会依靠自己的力量去面对并解决生活、学习、工作方面的种种问题，学会自己调整心态。独立意识强的同学能很快地适应，应对自如；独立意识弱的同学，则可能计划失当，顾此失彼。能否主动地与同学加强沟通和交流，和谐相处，同时又能保持相对的独立性是大学生活能否过得顺利、愉快的重要环节。

课外活动的丰富性。进入大学后，党团组织、学生会等组织的活动丰富多彩，各种讲座、论坛、竞赛、社会实践、志愿服务等活动形式往

往让同学们应接不暇,尤其是社团生活丰富多样。在丰富多彩的课外生活中,不能“风声雨声读书声,不吭一声”,如何明确自己的定位,处理好学习与课外活动的关系,是每个大学生都会面临的问题。

人的发展实质上就是人不断走向独立的过程。培养和提高独立生活能力,就是确立独立生活意识,摆脱依赖心理,树立自信、自律、自立、自强的精神,才能尽快地适应大学生活。

提高明辨是非的能力。大学的生活丰富多彩,大学的校园中充满了各种诱惑。同学们常常遇到各种思想的交流和碰撞,也会受到种种思潮的影响。在经济浪潮的冲击下,部分同学还会滋生拜金主义、享乐主义和个人主义等思想,导致理想迷失、道德困惑、信仰缺失和认同危机。这就要求同学们要努力提高明辨是非的能力,在大是大非的政治问题上和小是小非的日常生活中,都能做出正确的判断和明智的选择。

提高责任意识。责任心是指大学生要对自己的行为负责,尊重自己的理想,珍惜自己的宝贵年华和生命的活力,从自己的理想出发来安排现实生活。责任感的形成是一个人成熟的标志。有了责任心,才会认真地思考,勤奋地工作,不因困难而回避任务。责任心是个体社会化的重要标志。

选择自己的努力方向。清华大学校长顾秉林给毕业生留言中讲道:方向比努力更重要。大学生活极为丰富,学什么课程、听什么讲座、参加什么社团活动、未来从事什么职业,都需要自己去选择。选择同时意味着放弃,选择同时还意味着必须接受这一选择所将要带来的一切结果,这就是我们平常所说的“为自己的选择负责”。在大学学习中,我们应该明确自己未来的发展方向,所有的选择需要围绕自己的未来规划进行。

虚心求教,细心体察。面对新的生活环境,同学们随时都可能遇到过去所没有遇到的问题、矛盾和困惑。过去没有接触过的人,需要去交往;过去没有做过的事,需要学着去做;过去没有遇到过的问题,需要自己去解决。为了尽快提高自身的综合素质,同学们必须在各个方面虚心求教、细心体察，多向周围的老师、同学学习。

大胆实践，不断积累生活经验。任何能力都是在实践中积累起来的，都有一个从不会到会、从不熟练到熟练的过程。人们常说，“生活是最好的老师”，“在游泳中学会游泳”，只有在生活的实践中不断磨砺，才能逐渐提高独立生活的能力。

二、培养优良学风，树立全新理念

什么是学风？简单来说，学风就是学习的风气，包括学习的态度、学习的风格和学习的方法等，学风是学生的精神风貌和人格因素在学习过程中的体现和反映。学风建设是大学学习中的关键。在大学阶段，学生的很多学习活动要靠自己去完成，学什么、什么时间学、怎样学，都需要学生自己去把握，这对学生自身的学风修养提出了更高的要求。培养优良的学风，对于同学们将来走上社会，走上工作岗位也大有裨益。养成优良学风，应在勤奋、严谨、求实、创新上下功夫。

勤奋。勤奋就是要发奋努力、不畏艰难、锲而不舍、永不懈怠。唐代思想家韩愈有句名言：“业精于勤，荒于嬉；行成于思，毁于随。”黑格尔也曾经说过：“最大的天才尽管朝朝暮暮躺在青草地上，让微风吹来，眼望着天空，温柔的灵感也始终不光顾他。”在每个人的成长过程中，要想取得好的成绩，不经过一番艰苦奋斗，是不可能达到目的的。在大学学习中，勤奋是大学生必备的素质。以哈佛大学为例，作为世界上最著名的大学之一，这个学校对学生的要求几近苛刻，学生入学后压力非常大，竞争激烈。哈佛给学生的告诫是：如果你想进入社会后在任何时候、任何场合都能得心应手，并且得到应有的评价，那么你在哈佛学习期间就没有晒太阳的时间。

严谨。严谨就是一丝不苟、认真负责，做到严肃、严格、严密。严肃是指认真的学习态度和扎实的学习作风，反对学习上轻率浮躁、马虎应付的态度；严格是指对知识的掌握要弄懂弄通，对技术的掌握要严守规范，反对粗制滥造和不求甚解，反对急功近利和投机取巧；严密是指对学习、对工作要严谨细致、精益求精,包括在学习的安排上要周全有序,有条不紊地处理学习中的各种关系。要坚决抵制急功近利的浮躁之风,坚决抵制违反科学和学术道德的不良风气,做一个有科学道德和学术道德的人。

求实。求实就是要脚踏实地,求真务实,不轻信,不弄虚作假,不贪图虚名,“知之为知之,不知为不知”。对于大学生来说,要培养扎实打基础、老实做学问的学风,不驰于空想,不骛于虚声,唯以求真的态度下踏实的功夫。

创新。创新就是要不拘成规,敢为人先,进行创造性的学习和思维。诺贝尔物理奖获得者朱棣文在接受《中国青年报》记者采访时说过,科学的最高目标是要不断发现新的东西,因此,要想在科学上取得成功,最重要的一点就是要学会用与别人不同的方式、别人忽略的方式来思考问题。创新是一个民族进步的灵魂,是一个国家兴旺发达的不竭动力,也是一个政党永葆生机的源泉。这是江泽民20世纪世界各国政党,特别是共产党兴衰成败的历史经验和教训得出的明确结论。只有依靠创新,知识才能不断更新,科技才能不断进步,社会才能不断发展。同学们要在学习的过程中培养创新的思维方式,时时处处求创新。在大学阶段,学习仍然是同学们的重要任务,是大学生活的中心内容。进入大学,学习的内容、形式和要求都发生了很大的变化。同学们不仅要努力学习知识,而且要树立正确的学习理念;不仅要掌握知识,而且要掌握获得知识的能力;不仅要在学业上不断进步,而且要在综合素质上不断提高。

大学生要树立全新的学习理念就是要在学习实践中努力做到自主学习、全面学习、创新学习。

自主学习。自主学习是一种能动的学习。它要求同学们有明确的学习目的,自觉适应专业要求和社会需要,积极主动地掌握相关知识、技能和方法,使自己真正成为学习的主人。坚持自主学习并不意味着无需教师的指导,而是不能被动地接受教师的指导,要有强烈的求知欲望和主观能动性，能做到举一反三、触类旁通，注重对知识的拓展和领悟。在大学阶段，同学们有大量的自学时间和自由活动的空间。营造自主学习的浓厚氛围，是培养自主学习理念的必然要求。树立自主学习的理念，要求同学们要根据教学计划、自身所学专业的特点以及自身学习能力，合理地确定学习目标，科学地安排学习时间，掌握正确的学习方法，全面提高自主学习的效率和能力。

全面学习。“沿波讨源，虽幽必显”，“多管窥豹，可见全斑”。学习应该是全面的，不仅要认真学好专业知识，而且要学好与专业有关的其他方面的知识，学好有利于提高自身综合素质的各方面知识。学习不仅是学习书本知识，更需要掌握科学的方法，培养探索求知的热情，学会收集、处理、选择和管理信息，学会分析、解决理论和实际问题。国际 21 世纪教育委员会在一份题为《学习——财富蕴藏其中》的报告中指出，学习型社会要求全体社会成员都能够学会求知、学会做事、学会共处、学会做人。因此，同学们要向书本学习、向实践学习、向生活学习，学会知识技能，学会动手动脑，学会生存生活，学会做人做事。

创新学习。创新是一个民族的灵魂，是人类发展的不竭动力。创新学习是一种以求真务实为基础，采取创造性方法，积极追求创造性成果的学习。树立创新学习的理念，首先要脚踏实地，打下扎实的专业根底；同时又要善于思考，勇于开拓，不断激发自己的创新意识，敢于突破陈旧的思维定式，努力从事探索活动，培养创新精神。大学生作为国家未来建设的栋梁，更需要树立创新学习的理念，不断提高和拓展自己的创新能力，为建设创新型国家发挥重要作用。

终身学习。“活到老，学到老”，学习最难可贵的是终身坚持。淮南王刘向曾经说过：“少而好学，如日出之阳；壮而好学，如日中之光；老而好学，如秉烛之明。”树立终身学习的理念逐渐被全世界所认同。1972 年，联合国教科文组织发表题为《学会生存》的报告指出，学习型社会必须克服“认为教学只是为青年人设置的并且只是在学校里进行的”偏见，要树立“终身不断地学习和训练他们自己”，“学习包括一个人的整个一生”的观念。对于同学们来说,在大学阶段,要学习和掌握专业基础知识,同时要为今后继续学习、终身学习奠定良好的基础。大学毕业只是告别学校,并不是告别学习。不断学习新知识、获得新本领,是社会发展的要求。

第二节 培育和践行社会主义核心价值观

时代为当代青年学生的成长成才提供了广阔的舞台,也对当代青年人的能力和素质提出了更高的要求,同学们不仅需要有较高的科学文化素质,更需要有较高的思想道德素质和法律素质。而提高思想道德素质和法律素质,最根本的是学习和践行社会主义核心价值观。这就要求大学生首先要了解社会主义核心价值体系。

一、科学把握社会主义核心价值体系的内涵

社会主义核心价值体系是社会主义价值理念的系统整合,它集中反映了中国特色社会主义基本制度的本质要求,集中反映了当今中国社会的经济、政治、文化、社会生活的价值取向,因此,它在所有社会主义价值目标中居于统摄和支配地位。

社会主义核心价值体系的基本内容包括:马克思主义指导思想,中国特色社会主义共同理想,以爱国主义为核心的民族精神和以改革创新为核心的时代精神,社会主义荣辱观。这四个方面的内容,各具功能,各有侧重,相互联系,不可分割,是有机统一的整体。马克思主义指导思想作为社会主义核心价值体系的灵魂,解决的是举什么旗的问题,是整个社会主义核心价值体系的理论基础,居于统领地位;中国特色社会主义共同理想作为社会主义核心价值体系的主题,解决的是走什么道路、实现什么目标的问题;民族精神和时代精神作为社会主义核心价值体系的精髓,解决的是应当具备什么样的精神状态和精神风貌的问题;以“八荣八耻”为主要内容的社会主义荣辱观作为社会主

义核心价值体系的基础，解决的是人们行为规范的问题，它以基本行为规范的方式涵盖了社会主义核心价值体系其他三个方面的内容并使之具体化，从而让社会主义核心价值体系落到实处有了依托，人们践行有了遵循。社会主义核心价值体系回答了我国意识形态领域的根本问题，体现了我国最广大人民的根本利益，是一个结构完整、逻辑缜密的科学体系。

马克思主义指导思想。马克思主义指导思想，是社会主义核心价值体系的灵魂。马克思主义是发展的科学，它为我们提供了科学的世界观和方法论，决定着社会主义核心价值体系的性质和方向，是中国革命取得胜利的法宝，是建设中国特色社会主义社会的有力武器，是改革开放事业取得辉煌成绩的有力保证。

中国特色社会主义共同理想。在社会主义核心价值体系这一有机体中，中国特色社会主义共同理想是指对国家、民族追求的未来美好发展前景的价值认同。理想是一个政党治国理政的旗帜，是一个民族繁荣富强的向导。中国特色社会主义共同理想是我们党在十一届三中全会以后，总结了过去在理想建设方面的经验教训，根据我国社会主义初级阶段的客观实际提出来的，符合我国社会主义初级阶段的生产力与生产关系、经济基础与上层建筑发展的客观要求，体现了我国工人、农民、知识分子和其他劳动者、爱国者的根本利益和愿望，是保证全体人民团结奋斗、克服困难的强大精神动力。

以爱国主义为核心的民族精神和以改革创新为核心的时代精神。民族精神是一个民族在长期的共同生活和共同的社会实践基础上形成和发展起来，为民族大多数成员所认同和接受的思想品格、价值取向和道德规范，是一个民族的心理特征、文化传统、思想情感等的综合反映，是一个民族的生命力、凝聚力和创造力的不竭源泉。中华民族精神是以爱国主义为核心，团结统一、爱好和平、勤劳勇敢、自强不息等作为具体体现的一种精神。

时代精神是一种在新的历史条件下形成的崇高精神，它以中华民族长期形成的中华民族精神为基础和依托，顺应了时代发展的呼唤，适应了中国特色社会主义建设的实践要求。时代精神的内涵丰富，主要体现为解放思想、实事求是，与时俱进、勇于创新，知难而进、一往无前，艰苦奋斗、务求实效，淡泊名利、无私奉献的精神。

民族精神与时代精神紧密相连，共同服务于中国特色社会主义共同理想的实现，民族精神离开了时代精神，不能及时地从实践中吸纳鲜活的力量，就会失去其时代的价值，民族精神的弘扬和培育也就无从谈起；时代精神离开了民族精神，寻找不到民族的承载体，就会失去民族特征，时代精神的弘扬和培育同样也无从谈起。

社会主义荣辱观。2006 年 3 月 4 日，胡锦涛总书记在一次讲话中指出，要树立社会主义荣辱观，教育广大干部群众特别是广大青少年要坚持以热爱祖国为荣、以危害祖国为耻，以服务人民为荣、以背离人民为耻，以崇尚科学为荣、以愚昧无知为耻，以辛勤劳动为荣、以好逸恶劳为耻，以团结互助为荣、以损人利己为耻，以诚实守信为荣、以见利忘义为耻，以遵纪守法为荣、以违法乱纪为耻，以艰苦奋斗为荣，以骄奢淫逸为耻。以“八荣八耻”为主要内容的社会主义荣辱观，是对中华民族历久弥新的民族精神和传统美德的提炼和升华，具有很强的时代性和针对性。

社会主义荣辱观的提出，明确了我国在发展社会主义市场经济条件下的基本价值取向、道德规范和行为准则，是对与社会主义市场经济相适应、与社会主义法律规范相协调、与中华民族传统美德相传承的社会主义思想道德的系统总结，是新形势下加强社会主义思想道德建设的重要指导方针。只有知荣辱，才能明是非、辨美丑。一旦荣辱不分，势必混淆是非、善恶、美丑的界限，动摇道德伦理大厦根基，整个社会风气也会受到严重影响。

目前，我国改革发展进入关键时期，人们的价值观念发生了深刻变化，社会价值观领域纷繁复杂，呈现出多元、多样、多变的特点。核心价值体系不仅作用于经济、政治、文化和社会生活的各个方面，而且对每个社会成员的世界观、人生观、价值观都施加着深刻的影响。在经济体制深刻变革、社会结构深刻变动、利益格局深刻调整、思想观念深刻变化的新形势下，在思想大活跃、观念大碰撞、文化大交融的时代背景下，建设社会主义核心价值体系，具有极强的现实针对性和极大的理论与实践意义，是维系社会团结和睦的精神纽带、推动社会全面发展的精神动力、指引社会前进方向的精神旗帜。

社会主义核心价值体系是全国人民团结奋斗的思想基础。任何社会都有自己的核心价值体系，这是一定的社会系统得以运转、一定的社会秩序得以维持的基本精神依托。旧社会的解体往往以核心价值体系的崩溃为先声，新社会的诞生往往以核心价值体系的形成为先导，社会的稳定和发展也往往以核心价值体系的确立和完善为支撑。

社会主义核心价值体系是社会主义意识形态的本质体现，它涉及经济、政治、文化、思想等社会生活的方方面面，集社会主义价值理念之大成，把我们党倡导的基本理论、思想观念和价值取向系统地整合在一起，是社会主义意识形态的核心内容和最重要的组成部分，决定着社会主义意识形态的性质和方向。

培育和践行社会主义核心价值体系是建设社会主义和谐社会的必然要求。社会主义核心价值体系是我们党所倡导的基本理论、思想观念、奋斗目标和价值取向的统一体，涉及经济、政治、文化和社会方方面面，反映了我国社会主义意识形态最本质的方面。党的十八大报告强调社会主义核心价值体系是兴国之魂，决定着中国特色社会主义的发展方向，要求深入开展社会主义核心价值体系学习教育，用社会主义核心价值体系引领社会思潮、凝聚社会共识。社会主义和谐社会是人民共同向往的目标社会，为了实现这一理想目标，我们全体成员都应遵循社会主义核心价值体系的要求，努力提高自身的素质，为和谐社会的建设和发展做出贡献。

二、全面理解培育和践行社会主义核心价值观的意义

党的十八大报告用“三个倡导”来概括社会主义核心价值观的基本理念:“倡导富强、民主、文明、和谐,倡导自由、平等、公正、法治,倡导爱国、敬业、诚信、友善,积极培育和践行社会主义核心价值观。”这24个字的概括,言简意赅、通俗易懂,不是对一些流行的价值观念的简单堆砌,而是体现了社会主义核心价值体系的本质要求。

社会主义核心价值观是社会主义核心价值体系的高度凝练和概括总结。核心价值观是一个社会中居统治地位、起支配作用的核心理念,也是一个社会必须长期普遍遵循的基本价值准则,它具有相对稳定的特点。把“三个倡导”的表述作为马克思主义中国化的最新成果,彰显出其本来具有的社会主义特征、中国特色和时代精神,从而与其他不同制度国家的价值取向区别开来。

社会主义核心价值观是指那些在社会主义价值体系中居统治地位、起指导作用的价值理念。以社会主义核心价值观为内核、全面体现社会主义意识形态本质要求的、系统化的核心价值理论,我们称之为社会主义核心价值体系。社会主义核心价值观是从追求目标层面、社会制度层面和个人行为层面,对社会主义核心价值体系基本内容的简洁凝练,既具有社会主义的质的规定性,又适应和服务于中国特色社会主义经济、政治、文化基本制度的巩固和发展,体现了中国特色社会主义伟大实践的创造;既继承和弘扬了中华传统文化的优秀遗产、民族精神、良好道德风尚,又借鉴了人类文明的优秀成果,反映了时代精神,有强烈的时代感和现实感。

从发展的层面上看,“三个倡导”的表述涵盖了国家发展目标、社会核心理念和公民应当遵循的基本道德要求三个方面,其中富强、民主、文明、和谐属于宏观的层面,是着眼于国家发展而提出的奋斗目标;自由、平等、公正、法治属于中观的层面,是着眼于社会发展而提出的核心理念;爱国、敬业、诚信、友善属于微观的层面,是着眼于公民个人发展提出的道德要求。从发展的层面上来看,一个国家的良性发展

必须是全方位、立体化的发展；从发展主体的角度来看，就是国家、社会和个人"三位一体"，这三个层面相互影响、互为条件，其中任何一个层面发展滞后，都将影响其他层面的发展。"三个倡导"的表述内含了"三位一体"，着眼于国家、社会和个人的共同进步，立体化地提出了我国人民在当前社会主义初级阶段应当大力弘扬的价值追求。

从价值层面来看，"三个倡导"的表述涵盖了价值目标、价值准则和价值行为规范三个部分。从价值目标来看，经济富强、政治民主、精神文明、社会生态和谐是建设社会主义现代化国家的价值目标，把我国建设成为富强、民主、文明、和谐的社会主义现代化国家，是社会主义初级阶段中国人民伟大的价值选择和崇高的价值理想；从价值准则来看，自由、平等、公正、法治是中国特色社会主义遵循的价值准则，中国人民之所以选择马克思主义、选择社会主义、选择中国共产党、选择改革开放，是因为他们与中国人民的价值追求和价值取向一致，是中国人民争取民族解放、获得平等自由权利、建设公平正义制度、建设法治国家与善治社会的好法宝和正能量；从价值行为规范来看，爱国、敬业、诚信、友善是社会主义公民的价值行为规范，爱国、敬业、诚信、友善涵盖社会公德、职业道德、家庭美德、个人品德，集成中华民族传统美德、中国革命高尚伦理、社会主义道德理性，为社会主义公民的正当良善行为提供了基本的价值规范。

培育和践行社会主义核心价值观是抵御西方价值观的主要途径。以社会主义核心价值观为核心理念的价值体系是国家文化软实力的核心内容，它能够增强中华民族的凝聚力，能够提高中华民族的创造力，能够扩大中华文化的影响力，更能够抵御西方价值观的侵入和干扰。

随着全球化的发展，西方的意识形态必然希望将其自身文化的主导力量扩展到全世界，并且企图按照他们的要求创造出一个新世界。美国学者沃勒斯坦在《历史资本主义》一书中揭露了普遍主义文化的本质，他认为，普遍主义企图带着反映着人类共同的天性和社会的共同本质的口号和幻想，来占领世界意识形态的市场。普遍主义更倡导某种知识、世界观和价值观具有广泛性、全民性和普适性,带有文化的优越性和控制性。也就是说,资本主义国家凭借着经济和文化上的优势来传播自己的观点,它的到来带着强权和社会科学典范的姿态,达到控制和支配世界文化的目的。

资产阶级意识形态的普遍主义文化带来的是包装着"普世"的西方核心价值观,以达到对资产阶级意识形态的同化和认同。这就给我们提出了两大挑战:一是资产阶级意识形态的普遍主义文化冲击着人们对民族文化的认同,冲击着对社会主义核心价值观的认同;二是如何有效抵制和批判西方核心价值观的渗透,使我们在这场更为隐蔽、复杂的意识形态较量中立于不败之地。大学生是国家的未来和希望,如果大家能够积极地学习和践行社会主义核心价值观,就能够积极有效地遏制这种普遍主义文化的侵入和干扰。

培育和践行社会主义核心价值观是大学生自我发展的需要。高等院校是我国进行国民教育和培养高层次人才的重要阵地和有效平台,将社会主义核心价值观的教育融入当代大学的培育过程中,有利于扩大社会主义核心价值体系建设的覆盖面和影响力。由于我国改革开放的深入发展,贫富差距拉大、社会矛盾加剧、道德滑坡等现象在一定程度上会对大学生的世界观、人生观和价值观产生不良影响。鉴于目前的复杂环境和严峻挑战,用社会主义核心价值观引领大学生的成长已经迫在眉睫。

社会主义核心价值观是引领大学生成长成才的根本指针,它为大学生加强自身修养、锤炼优良品德、成长为德智体美全面发展的社会主义事业的建设者和接班人指明了努力方向,提供了发展动力,明确了基本路径。高校思想政治教育应着力进行大学生社会主义核心价值观的培育,通过教育引导,使大学生将社会主义核心价值观内化于心,并通过自己的实际行动,积极主动地践行社会主义核心价值观,从而增强大学生自我教育、自我管理和自我服务的能力,最终实现大学生的自我发展。

培育和践行社会主义核心价值观是提高大学生思想道德与法律素质的客观要求。道德和法律是调节人们思想行为、协调人际关系、维护社会秩序的两种基本社会规范。道德和法律虽然在调节领域、调节方式、调节目标等方面存在很大不同,但是二者作为上层建筑的重要组成部分是相辅相成、缺一不可的,二者共同服务于经济社会健康有序的发展。胡锦涛指出,一个有远见的民族,总是把关注的目光投向青年;一个有远见的政党,总是把青年看作推动历史发展和社会前进的重要力量。用社会主义核心价值观指导思想政治教育,提高同学们的思想道德素质和法律素质,从社会角度来说,有利于中国特色社会主义事业的建设,有利于促进民族团结和民族繁荣,有利于和谐文化的建设,对于建设社会主义和谐社会,加快推进社会主义现代化的宏伟目标,具有重大而深远的意义;对于大学生自身来说,学习和践行社会主义核心价值体系是提高思想道德素质和法律素质的中心环节和根本要求。

思想道德素质和法律素质是人的基本素质,它体现了人们协调各种关系、处理各种问题时所表现出来的是非判断能力和正确行为能力,是政治素养、道德品质和法律意识的综合体,决定着个体在日常生活中的行动目的和方向。其中,思想道德素质主要包括思想政治素质和道德素质。

思想政治素质是一种特殊的素养,是人们在为实现本阶级利益而进行的各种社会实践活动中表现出来的特定品质。在人的各种素质中,思想政治素质是最重要的素质。毛泽东曾经强调思想和政治是统帅、是灵魂。具有很高思想政治素质的人,在科学性和意识形态发生纠缠时,能够准确地做出判断,绝不会以中性化的态度和工作模式作为立身之本。

道德素质是人们的道德认识和道德行为水平的综合反映,包含着一个人的道德修养和道德情操,体现着一个人的道德水平和道德风貌。邓小平曾经反复强调,道德重在建设,关键在以身作则。道德素质的培育应从我国的实际出发,要体现与时俱进的品格。

法律素质是指人们知法、守法、用法的素养和能力。法律素养的培育是“思想道德修养与法律基础”课法制教育的重要内容。掌握必备的法律知识,树立必需的法律观念,拥有必要的用法、护法能力,构成了法律素质的基本要素。良好的法律素养对于保证人们合法地实施行为,依法维护各种正当的权益,自觉履行法定义务,弘扬法治精神,形成学法、守法、用法的社会氛围,推进社会主义法治国家建设,具有重要的意义。

当代大学生要提高思想道德素质和法律素质,就必须深刻领会社会主义核心价值体系的科学内涵,自觉践行社会主义核心价值观,成为学习和践行社会主义核心价值体系最积极、最活跃的群体。践行社会主义核心价值观的过程,是一个人加强修养、完善自我的过程。引导青年学生自觉学习和践行社会主义核心价值观,是高等学校思想政治教育的重要内容,也是贯穿“思想道德修养与法律基础”课的主线。

第三节　学习“思想道德修养与法律基础”课的意义和方法

“思想道德修养与法律基础”课,是高等学校思想政治理论课程体系的重要组成部分,是帮助大学生提供思想道德素质和法律素质的重要课程。本课程以马克思主义为指导,以正确的世界观、人生观、价值观和道德观、法制观教育为主要内容,把社会主义核心价值观贯穿于教学的全过程,通过理论学习和实践体验,帮助大学生形成崇高的理想信念,弘扬民族精神和时代精神,确立正确的人生观和世界观,加强思想品德修养,树立社会主义法治理念,增强学法、用法、护法的自觉性,全面提高思想道德素质和法律素质。一个人良好的思想品德修养是在学习中升华、在内省中完善、在自律中养成、在实践中锤炼的结果。按照社会主义核心价值观的要求加强个人思想品德修养,就是要树立坚定的理想信念，陶冶高尚的道德情操，保持昂扬的精神状态，自觉担负起时代赋予的崇高使命。

一、学习“思想道德修养与法律基础”课的意义

很多青年学生以为：“思想道德修养与法律基础”课与专业课无关，学不学都行；选这门课只是为了混学分，来不来都行；因为这门课就是讲大道理的，枯燥乏味。其实不然，我们不妨听听一些大家都很熟悉的著名人物是怎么看待思想和修养的。古罗马的西塞罗说：“修养之于心地，其重要犹如食物之于身体。”伟大的科学巨匠爱因斯坦也说：“光靠科学和技术，不能把人类带向幸福与高尚的生活。人类有理由将崇高的道德准则的发现置于客观真理的发现之上。”法国大文豪雨果认为：“生活，就是理解。生活，就是面对现实微笑，就是越过障碍注视将来。生活，就是自己身上有一架天平，在那上面衡量善与恶。生活，就是有正义感、有真理、有理智，就是矢志不渝、诚实不欺、表里如一、心智纯正，并且对权利与义务同等重视。生活，就是知道自己的价值，自己所能做到的与自己应该做到的。生活，就是理智。”可见，这门课程与我们每个人的成长息息相关。它是一门融思想性、政治性、知识性、实践性于一体的综合性课程，涉及内容非常广泛，对同学们人格养成、价值的实现乃至幸福的生活都有非常重要的意义。

有助于当代大学生认识立志、树德和做人的道理，选择正确的成才之路。波澜壮阔的改革开放与建设、发展中国特色社会主义事业的伟大实践，为当代大学生展示才华、实现理想提供了广阔的舞台，也对当代大学生的思想道德素质和法律素质提出了更高要求。“思想道德修养与法律基础”课作为思想政治教育的主干课，不仅仅是一种政治理论教育。它还是一门实践活动，它的主要目标是以马克思主义为指导，以正确的世界观、人生观、价值观和道德观、法制观教育为主要内容，以引导大学生学习和践行社会主义核心价值体系为主线，以帮助大学生提高思想道德素质和法律素质为目的。学习“思想道德修养与

法律基础”课,引导大学生积极培育和践行社会主义核心价值观,有利于加强大学生的世界观、人生观、价值观和道德观、法制观教育;还有利于帮助大学生明确党和国家的希望和要求,明确自身成长所面临的机遇和挑战,明确自身肩负的历史使命,明确自己的努力方向、前进目标以及成长成才的途径和方法。就大学生来说,也希望在“思想道德修养与法律基础”课中能够学到最深刻的人生哲理,最贴切的生活启迪,最透彻的人生感悟,最动人的人生体验。希望这门课能给我们的大学生活以指导,使我们快乐、充实地度过这段时光,同时,也在以后的人生中受益。

有助于当代大学生掌握丰富的思想道德和法律知识,为提高思想道德和法律素养打下知识基础。“思想道德修养与法律基础”课把马克思主义基本理论应用于大学生思想道德修养与法律基础领域,用深刻的哲理和多方面的综合知识,对大学生进行理想信念、爱国主义、人生价值、道德修养和法律基础等方面的教育。通过本课程的学习,同学们可以系统地掌握许多提高修养、启迪智慧的知识,掌握修身养性、陶冶气质的方法,掌握法律基础知识,从而促进大学生思想道德素质与法律素质的提高。

有助于当代大学生摆正“德”与“才”的位置,做到德才兼备、全面发展。世界上许多国家都非常重视品德在人才素质培养中的作用,只是名称和内容各有不同而已。在我国,成为德智体美全面发展的社会主义建设者和接班人,是历史发展对大学生的必然要求,是党和人民的殷切期望,也是大学生确立的成才目标。在成长的道路上,要正确认识“德”与“才”的辩证关系,明白“德”是人才素质的灵魂。“思想道德修养与法律基础”课引导大学生树立正确的世界观、人生观、价值观,学会做人,懂得做人的道理;帮助大学生学会运用正确的立场、观点、方法观察问题、分析问题和解决问题,最终培育大学生成为理想远大、信念坚定、品德良好、本领过硬、身体健康的人才。

二、学习“思想道德修养与法律基础”课的方法

注重学习科学理论。这里所说的科学理论，就是马克思主义基本原理，即马克思主义的立场、观点和方法。这是构建本课程的理论基础和贯穿本课程的灵魂，也是学习本课程要把握的重点。

注重学习和掌握思想道德和法律修养的基本知识。本课程包含着丰富的人生哲学、伦理道德和法律知识。这些知识是人类在长期社会实践中形成的思想成果，是社会科学的重要组成部分。

注重联系实际。理论学习只有与实际结合起来，才会生动而具体。本课程的内容来源于现实生活，对现实生活又具有指导意义。同学们在学习的过程中，一定要密切联系我国改革开放和现代化建设的实际，密切联系社会主义市场经济条件下思想道德建设、民主法制建设的实际，密切联系自身的学习和生活实际，真正领会和掌握本课程的主要内容和精神实质。

注重知行合一。本课程具有鲜明的实践性。学习本课程要把知与行结合起来，把学习与践行结合起来，把学习规范和遵守规范结合起来，使知识转化为内在素质。学习“思想道德修养与法律基础”课的出发点和落脚点是实践。如果只是单纯地掌握理论知识，缺乏实际的技能，这样的学习就失去了意义，甚至适得其反。从教育的角度来看，“知行合一”是一个由知到行、再由行到知的不断循环的过程。一方面，要重视理论的作用，通过理论的学习来加快个体主观世界的改造，提升理性思维与综合素质；另一方面，要把理论知识运用于实践，知行统一，言行一致，在实践中去感悟人生的真谛和价值。

阅读书目

1. 中共中央宣传部：《习近平总书记系列重要讲话读本》，学习出版社、人民出版社2014年版。

2. 中共中央宣传部:《社会主义核心价值体系学习读本》,学习出版社2009年版。

3. 胡锦涛:《在庆祝清华大学建校100周年大会上的讲话》,人民出版社2011年版。

学习思考

1. 大学生应该树立什么样的学习理念?

2. 社会主义核心价值观的科学内涵是什么?

3. 结合实际,谈谈学习"思想道德修养与法律基础"课的意义和方法。

第一章　追求人生理想　坚定崇高信念

理想信念就是共产党人精神上的“钙”，没有理想信念，理想信念不坚定，精神上就会“缺钙”，就会得“软骨病”。

——习近平

人有了物质才能生存；人有了理想才谈得上生活。你要了解生存与生活的不同吗？动物生存，而人则生活。没有理想，就没有人的生活。

——雨　果

青春的光辉，理想的钥匙，生命的意义，乃至人类的生存、发展全包含在这两个字之中，奋斗！只有奋斗，才能治愈过去的创伤；只有奋斗，才是我们民族的希望和光明所在。

——马克思

理想信念是人类特有的精神现象。理想是人们在实践中形成的、有可能实现的、对未来社会和自身发展的向往和追求，是人们的世界观、人生观和价值观在奋斗目标上的集中体现。信念是认识、情感和意志的统一体，是人们在一定认识基础上确立的对某种思想或事物坚信不疑并身体力行的心理态度和精神状态。理想信念是人生的精神支柱，指引人生的奋斗目标，提供人生前进的动力，提升人生的精神境界。理想信念能引导大学生做什么人，指引大学生走什么路，激励大学生为什么学。大学生应该树立崇高的理想信念，充分认识理想实现过程的长期性、曲折性和艰巨性，坚定为实现理想而艰苦奋斗的信念，在实践中化理想为现实。

如果说社会是大海，人生是小舟，那么理想是引航的灯塔，信念是推进的风帆。没有理想信念的人生，就像失去方向和动力的小船，在生活的波浪中随处漂泊而找不到自己的港湾，甚至会沉没于激流险滩。大学时期是理想和信念形成的重要时期，理想信念是人生的精神支柱和成就事业的动力。在建设中国特色社会主义的实践中，大学生应顺应时代潮流，肩负时代所赋予的历史使命，自觉树立崇高的理想和信念，并在其引导和激励下，在人生的道路上阔步向前。

第一节 理想信念与大学生的成长成才

理想信念是人类特有的精神现象，它就像是一道分水岭，把人与动物区别开来，把高尚充实的人生与庸俗空虚的人生区别开来。正是崇高的理想和坚定的信念，扬起生命的风帆，成为人生的前进动力和精神支柱。

一、理想信念的含义与特征

理想作为人类特有的一种精神现象，是人类社会实践的产物。对现状永不满足，对未来不懈追求，是理想形成的动力源泉。理想是一定社会关系的产物，必然带着特定历史时代的烙印。在阶级社会中，还必然带着特定阶级的烙印。

（一）理想的含义与特征

“理想”一词，最初来源于希腊语“idea”，意思是人生的奋斗目标。在中国古代，理想叫作“志”即志向，立志即树立理想。具体来说，理想是人类特有的一种精神现象，是人们在实践中形成的、有可能实现的、对未来社会和自身发展的向往和追求，是人们的世界观、人生观和价值观在奋斗目标上的集中体现。

了解理想，首先要了解“人为什么会有理想”。这个问题搞清楚了，对于什么是理想，理想对于人生、对于社会的意义就容易理解了。

首先，人类和动物是不一样的，人除了自然属性之外还有社会属性、精神属性，人不仅仅是生物意义上的存在，还是文明意义上、社会意义上的存在。法国作家雨果在《悲惨世界》里有这样一句话："人有了物质才能生存；人有了理想才谈得上生活。你要了解生存与生活的不同吗？动物生存，而人则生活。没有理想，就没有人的生活。"人生活在世界上总是需要一定的理想作为精神支柱的。其次，人的一生并不是一帆风顺的，难免会遇到各种各样的困难和挫折，在艰难困苦的时候，更需要有理想信念来支撑自己的人生。最后，人们正是以这种有关"人"的自觉认识为标准，来衡量自己的现实生活，从而产生否定自己现实状况的认识，形成"人应当这样生活"、"好社会应当这样"的个人理想和社会理想。对理想内涵的理解，需要把握理想的以下特征：

实践性。理想的这一特征体现了两方面内涵：一方面，理想是人们社会实践的产物。它不是人的头脑中所固有的，它来源于实践。对我们而言，现实总是存在着某些缺陷与不足，就是这种缺陷，使人们在现实生活的基础上，不断地对未来做出追求和设想，理想就相应产生。同时，人们参与社会实践的深度、广度不同，对现实所提出的批判不同，人们的追求目标也就不尽相同。另一方面，理想不仅形成于实践，还必须在实践中通过人们的主观努力得以实现。否则，离开了人在实践过程中的主观努力，理想就不会变成现实。生活中，有些人的理想之所以不能实现，并非由于理想不具有可能性，而是由于自己在实践过程中的努力不够。伟人毛泽东做过这样的比喻："你要有知识，你就得参加变革现实的实践。你要知道梨子的滋味，你就得变革梨子，亲口吃一吃。"这就要求我们，在确立理想之后，要把理想付诸具体实践之中。如上所述，"在实践中形成，在实践中实现"，就是理想的实践性特征。

超前性。理想高于现实，是对现实的超越。理想以预见方式反映未来，是对未来社会和自身发展的向往与追求。理想表示的是未来"应怎样"，现实则表示的是实际"是怎样"。"是怎样"与"应怎样"、事实与应当之间总是有一定的差距。为了缩小差距，人们就不断地为理想目标实现而努力。理想对人们具有巨大的吸引力，它感召着人们为美好未来自觉地奋斗，不断地改造现实、弥补不足，从而推动历史的进步。

可能性。真正的理想体现了人们向往美好生活的情感，但理想又是以现实条件为基础的，它需要人们去理性地认识客观现实条件、现实发展的规律和趋势，从而把自己的理想建立在现实的基础之上，使之具有实现的可能性。英国著名科学家焦耳年轻时曾设想发明一架永动机，由于这种设想没有客观根据，违背了能量守恒和转化定律，是不可能实现的。焦耳在实验失败之后感慨地说："不要永动机，我要科学。"这就说明了脱离现实基础、违背客观规律的理想是不可能实现的。

差异性。不同主体的世界观、价值观、人生观反映不同的人生理想，这无疑体现了理想的差异性，也就是多样性。首先，在不同历史阶段、不同社会中，人们会产生不同的理想。人的理想会随着社会历史的发展而发生变化。即使是个人的生活理想，也会随着社会历史条件的变化而有所不同。其次，一个人在其人生的不同阶段，也会产生不同的埋想，或者对自己的理想进行各种调整。

人们对理想的追求表现在社会生活的各个领域和人类活动的各个方面，因此理想是多方面的和多类型的。从不同的角度可以把理想划分为许多类型：从理想的性质和层次上划分，理想有科学理想和非科学理想、崇高理想和一般理想等；从时序上划分，理想有长远理想和近期理想等；从理想的对象上划分，理想有个人理想、社会理想等；从理想的内容上划分，理想有社会政治理想、道德理想、职业理想、生活理想等。这里社会政治理想是对未来社会制度和政治结构的设想、追求和向往；道德理想指人们所向往和追求的理想人格和做人标准；职业理想是人们对未来职业的选择和要达到何种成就的向往和追求；生活理想是人们对一定的生活方式、生活标准，以及对物资生活、精神生活、家庭生活的向往和追求。

社会政治理想、道德理想、职业理想和生活理想之间是互相制约、互相联系的。其中,社会政治理想是最根本的,它决定和制约着道德理想、职业理想和生活理想,起着主导和支配的作用,调节和控制着人们的思想和行为。一个人有了崇高的社会政治理想,就会产生高尚的道德境界和强烈的责任感、事业心。具体说来,就是做什么人,干什么事,过什么生活都和社会理想有关系。因此,社会政治理想是一个人全部理想的核心。只有树立了远大的社会政治理想,才能自觉地把个人的前途和命运同社会的发展和进步联系起来,把个人的工作和生活变成为社会政治理想奋斗不可缺少的一部分。

社会政治理想也不能脱离道德理想、职业理想、生活理想而孤立存在。一个道德上人格低下、投机钻营,工作上挑肥拣瘦、拈轻怕重、一事无成,生活上追求腐朽的物质生活和精神生活的人,很难说他能具有崇高的社会理想。

一个人有生活理想不是什么坏事,问题在于靠什么方法来实现它;一个人有职业理想说明他会为实现自己的理想而准备条件;一个人有社会政治理想,说明他对社会发展的规律有了一定的认识,已经具备了社会责任意识。而一个人的道德理想,则是实现或落实其他理想的条件。只有成为某种人,才能胜任某种职业,才能过上某种日子,也才可能为某种社会政治理想而奋斗。因此,我们谈谈个人理想的实现,必然要从个人自我完善开始,首先从自我做起。

(二)信念的含义与特征

信念是认识、情感和意志的统一体,是人们在一定认识基础上确立的对某种思想或事物坚信不疑并身体力行的心理态度和精神状态。信念是认识、情感和意志的融合与统一;信念是一种综合的精神状态,不是一种单纯的知识或想法。在本质上,信念表达的是一种态度,“信”是信念突出的本质特征;信念强调的不是认识的正确性,而是情感的倾向性和意志的坚定性。因此,信念以认识为基础,以情感为关键,以意志为保证,具有以下特征:

复合性。复合性体现在信念的含义中，指信念是人们的认识、情感、意志三方面的有机统一。信念中包含一定的认识，这些认识是形成信念的基础，但信念不是冷冰冰地去认识对象，它还有对这些认识正确性的强烈认同、热烈情感。正因如此，信念总是在主体情感的驱使下把内心的东西外在表现出来，通常表现为行为和实践。

稳定性。信念是一种稳定的观念，因为它是在认识基础、情感认同、意志行为结合的基础上形成的"非做不可"的欲念。因此，信念有比一般认识更高的稳定性。人们的某种信念一旦确定下来就难以改变。人的认识既可能是正确的，也可能是错误的。即使以后在认知层面上对信念产生怀疑，情感上强烈的认同也会在某种程度上支持既有的信念。从个人来说，谁都认为自己的信念是正确的，都持坚决相信的态度，这使信念带有极大的稳定性，一般不会随着环境、境遇的变化而变化。但信念的稳定性也不是绝对的，信念作为一种精神现象是对现实的反映，它必然会随着客观实际的改变而变化。一旦发现自己的信念与客观情况相矛盾，就要自觉地去校正自己的信念。抱住错误的信念不放，肯定要出偏差，只会处处碰壁。

执着性。它不仅仅是指持有者的信念的稳定性，更多的是指具有坚定信念的人的精神状态和行为状态的稳定性。无论是科学的信念还是非科学的信念，人的某种信念一旦形成，哪怕条件再艰难，环境再恶劣，也难以改变对信念实现的执著心态，这是信念带有的执著性。信念是支撑一个人不断克服困难的精神力量。

多样性。不同的人由于社会环境、思想观念、利益需要、人生经历和性格特征等方面的差异，会形成不同的甚至截然相反的信念。即使是同一个人，也会形成关于社会生活不同方面的信念，如在政治、经济、文化、科学、道德、审美、真理、事业、学业、生活等方面，都会形成相应的不同层次的信念，从而构成信念体系。高层次的信念决定着低层次的信念，低层次的信念服从高层次的信念。最高层次的信念就是信仰。

信仰同理想、信念一样，同属于精神生活范畴，是指人们把一种对象视为最高价值，高度地信服和敬仰，并以之统摄自己的精神生活，作为自己的精神寄托，矢志不渝、自觉追求的精神状态。从信仰的层次看，信仰可以分为两种类型：一种是对虚幻世界不切实际的观念，对荒诞理论的盲目相信、狂热崇拜；另一种是在社会实践活动中，对以事物发展规律的正确认识为基础的思想见解或理论主张的坚信不疑、身体力行。前者是非科学信仰，宗教等都属于这一种。后者是科学信仰，就是我们所主张的科学信仰，如马克思主义。

信仰与信念的区别在于：首先，信仰属于信念，是信念的一部分，但信仰不是一般的信念，是信念的整合和升华，是一切信念中最重要并支配其他信念的最高信念，是信念最集中、最高的表现形式；其次，信念是对一些具体观念的相信、信奉，“念”重在心中笃信，信仰是对最核心的观念的相信、信奉，“仰”重在神往，身心相许，它不仅是对真理的确认与价值的认同，而且有情感皈依，融进人们的血液。一般来说，只有那些具有极高乃至最高价值的信念，那些在精神领域占有主导和统摄地位的信念才是信仰。

在人生的历程中，理想和信念总是如影随形，相互依存。理想离不开信念，信念是理想的基础。而且在某些时候，理想本身就是信念，信念本身就是理想。当理想作为信念时，它是指人们确信的一种观点和主张；当信念作为理想时，它是与奋斗目标相联系的一种向往和追求。因此，从广义上来理解，理想含有信念的内容，信念也含有理想的内容。理想是信念的根据和前提；信念是理想的强化状态，是理想实现的重要保障。转化为信念的理想，才能是坚定的理想。如果没有信念，理想就可能发生动摇。

但是理想和信念的侧重点和作用是不同的。理想重在标志人与奋斗目标之间的关系，主要是指向未来的，为人们的行动指明方向；而信念则重在标志人对事物、观念的看法和态度，主要是面对现在的，为人们的行动提供动力支持。但是在理想信念这一概念没有形成以前，我们在进行理想信念教育时,往往不去特意区分理想和信念这两个单独的概念。这样就有可能造成两种偏向:或者在单独使用理想这一概念时,有可能忽视现实生活中的人们应秉持的信念支撑;或者在单独使用信念这一概念时,有可能淡化对未来奋斗目标的追求。理想信念这一概念把这两个单独概念各自侧重的方面辩证地统一为一体。

二、理想信念对大学生成长成才的重要意义

人活着总得有个理想。如果把人生比作杠杆,理想信念则好像是它的“支点”。理想信念不是可有可无的点缀品,而是一个人生命的动力。有了理想信念,就等于有了灵魂。理想信念是一种特殊的阳光,照耀着我们的生活。理想信念一经形成,就会成为重要而持久的精神力量。理想信念对于人生至关重要,它在人生实践中起着重要的不可替代的作用。

(一)理想信念的作用

指引人生的奋斗目标。理想信念对于人生有导向作用,是人的思想和行为的定向器。正如诗人流沙河所说:“理想是石,敲出星星之火;理想是火,点燃熄灭的灯;理想是灯,照亮夜行的路;理想是路,引你走到黎明。”理想就是这样为人们指明了一生努力的方向和目标。不同的理想信念对生活的影响是不同的,杰出人士与平庸的人的差别,很少在于天赋、机遇,起决定作用的在于理想的高低。一个人只有确立了崇高的理想信念,才能使自己的人生之舟沿着正确的航线乘风破浪、奋勇前进。翻开人类历史的画卷,大凡有所作为、有成就的人,都与有坚定的志向和明确的目标分不开。一个人也只有树立了崇高的理想、明确了奋斗的目标,才能在人生追求中不断地攀登去取得累累硕果,从而使自己的生命发出异彩。

提供人生的前进动力。人生之舟在航行中不仅需要物质方面的动力,更需要精神方面的动力。在精神动力中,理想占据着中心地位。因为,一个人一旦确立了崇高的理想并坚定不移地付诸实践,他就会

产生一种不达目的誓不罢休的意志。在人生的道路上,并不总是充满阳光、撒满鲜花,还有崎岖和坎坷。当我们遭受挫折与失败的时候,理想信念就会给我们提供前进的动力,产生巨大的精神力量。

理想是人们前进的动力,但它必须在科学信念的支持下,才能真正发挥它的效能。信念是在人对自然和社会的真实存在及其发展规律的正确认识基础上发展起来的,信念为人提供了判断事物是非曲直的标准;信念激发和增强人的激情和热情,赋予人以深厚的情感体验;信念是行为的内在支柱,能使人在实现理想的进程中冲破阻力、克服困难,最终实现目标。

提高人生的精神境界。理想通过净化和升华作用来提高人生境界。有理想的人,心中有个大目标,站得高看得远,视野开阔,胸怀广阔,这就容易摆脱眼前蝇头小利的诱惑,摆脱斤斤计较、患得患失的狭隘心理,从而使心灵得到净化。理想信念是人类精神生活的一种内在需求,是一个人的奋斗方向。有什么样的理想信念,就有什么样的行为表现,并决定了你的人生质量。也许完美的表现并不存在,但只要自己心中有理想有信念,人生就一定会更精彩。

(二)理想信念与大学生

大学生肩负着祖国的希望和民族的未来,不仅要提高文化知识水平,增强实践能力,更要坚定科学、崇高的理想信念。充分认识理想信念的作用,这对大学生的成长成才有着极为重要的意义。

引导学生做什么样的人。人的理想信念,反映的是对社会和人自身发展的期望。在争做“四有”新人中,“有理想”占首要地位。这表明理想信念与做什么样的人关系重大。做一个什么样的人是大学生最重要的人生课题和发展方向。

引导大学生走什么样的路。大学时期面临着许多人生的重大课题,大到人生目标的确立、发展方向的设定、未来道路的选择,小到如何择友、如何面对挫折、如何克服困难等,都需要有一个总的目标和原则,这就要确立科学、崇高的理想信念。大学时期确立的理想信念,对今后的人生将产生重大的影响,甚至会影响终身。

激励大学生为什么学。对当代大学生而言,为什么学的问题,是与走什么路、做什么人的问题紧密联系在一起的。大学生只有树立崇高的理想信念,才能明确学习的目的和意义,激发起为国家富强、民族复兴和自身成才而发奋学习的强烈责任感与使命感,努力掌握建设祖国、服务人民的本领。总之,理想信念是激励人们迎接挑战、克服困难的精神支柱和强大力量,理想信念越坚定,克服困难的勇气和意志就越坚定。当代大学生所处的时代和所承担的任务与以往不同了,但同样会遇到各种各样的困难和挫折,同样需要坚定理想信念,培养克服困难和应对挑战的坚强意志。同学们要把个人的奋斗志向同祖国和民族的命运相联系,使理想信念之花结出丰硕之果。

第二节 树立科学的理想信念

青年时期是理想和信念形成的重要时期,理想信念是人生的精神支柱和成就事业的动力。在建设中国特色社会主义的实践中,大学生应正确认识自身所肩负的历史使命,确立马克思主义的科学信仰,树立中国特色社会主义道路共同理想。

一、确立马克思主义的科学信仰

每个人生活在社会中,不仅是其个体的生命存在,更是社会的产物,而且唯有承担一定的社会角色和社会责任,才是一个社会的人,才能实现“人的本质”。正如马克思所言:“人的本质不是单个人所固有的抽象物,在其现实性上,它是一切社会关系的总和。”①而人们在社会中担负重大的历史任务和重大历史责任就是人的历史使命。

人的历史使命不能超越具体的社会历史条件,而是在一定社会历

① 《马克思恩格斯选集》第1卷,人民出版社1995年版,第60页。

史条件下产生，又随着社会历史条件的变化而变化。不同时代的人面对不同的历史任务，承担着不同的历史使命。而最具朝气、最具活力、最具拼搏精神的青年是历史使命的主要承担者。时代呼唤英才，希望在于青年。当代大学生承担的是建设中国特色社会主义、实现中华民族伟大复兴的历史使命。使命意味着责任，责任指引着追求。当代大学生，应当在全面发展的基础上，学习和践行社会主义核心价值观，提升人生追求。

理想信念是指路明灯，是精神支柱，是力量源泉。共产主义是建立在对社会发展规律正确认识基础上的科学理想，指引着中国发展的方向。马克思主义是我们立党立国的根本指导思想，为我们提供了正确的世界观和方法论，提供了正确认识世界和改造世界的强大思想武器。只有坚持马克思主义的立场、观点和方法，才能正确认识经济社会发展的规律，正确认识社会思想意识中的主流与支流，才能在错综复杂的社会现象中看清本质、明确方向。坚持马克思主义，更要坚持发展着的马克思主义。只有坚持用马克思主义中国化的最新成果武装头脑，才能充分发挥马克思主义认识世界和改造世界的思想武器的作用，才能使马克思主义真正成为我们的行动指南。

马克思主义是科学的又是崇高的。马克思主义信仰是建立在科学基础上的信仰，它的产生有自然科学的基础，而且它本身就是关于人类社会发展规律的科学。马克思和恩格斯根据资本主义发展和工人运动的现实，以历史唯物主义的科学武器分析当代资本主义的基本矛盾，得出了资本主义必然灭亡，共产主义必然胜利的结论。

马克思主义追求的不只是单个人的解放，也不只是无产阶级的解放，而是全人类的解放；它追求的是个人的全面自由发展和社会的全面发展，为全人类进步和解放指明了方向，这些体现了马克思主义的崇高性。

马克思主义具有持久的生命力。马克思主义作为一个开放式的理论体系，具有与时俱进的理论品格和持久的生命力。它是在吸收和改造几千年来人类思想和文化发展中一切有价值的成果的基础上形成的。同时,它随着人类对自然、社会历史和人的思维本身的发展而不断深化。随着新的观念、思想、学说、理论的形成,马克思主义为保持其先进性,也必然要借鉴和吸收这些新的文明成果,在继承中发展,在创新中前进。从马克思主义到列宁主义,再到马克思主义的中国化,即中国共产党人将马克思主义与中国国情相结合而创立的毛泽东思想、邓小平理论、"三个代表"重要思想以及科学发展观,这一发展演变的过程充分显示了马克思主义的持久生命力。历史证明,马克思主义在帮助无产阶级夺取革命胜利和保障社会主义建设事业健康有序顺利进行的过程中,具有其他任何思想、任何主义无可替代的作用。即使在今天的一些具体问题上,马克思指出的关于资本主义的许多不可避免的弊端与问题、全球化经济和国际市场、经济周期、经济决定思想的方式等论述仍然具有权威性。

马克思主义以改造世界为己任。马克思主义是认识世界、改造世界的科学理论,它重视实践,以改造世界为己任。在伦敦海格特公墓的马克思墓碑上,镌刻着马克思的一句名言:"哲学家只是用不同的方式解释世界,而问题在于改变世界。"这表明了马克思主义重视实践、以改造世界为己任的基本特征。一种理论如果不以改造世界(客观世界和主观世界)为己任,不关心现实,不用于指导实践,不造福人类,那它绝不会长久。一个半世纪以来,正是在马克思主义的指导下,社会主义由空想变成科学,由科学理论转变为社会实践,社会主义国家的出现和社会主义制度的建立,深刻改变着人类历史的走向。

马克思主义作为我们国家的根本指导思想,是由马克思主义严密的科学体系、鲜明的阶级立场和巨大的实践指导作用决定的,是近代以来中国历史发展的必然结果,是中国人民长期探索的历史选择。马克思所描绘的共产主义社会,应该成为中国共产党人的远大理想。大多数的当代大学生也许更关心自己的个人理想,这没有错,因为社会理想依赖于千千万万个个人理想的实现。但是当代大学生,特别是先进分子,也应该认识到,只有确立马克思主义的坚定信念,才能深刻认识人类社会的发展规律,深刻认识中国走社会主义道路的历史必然性,才能更好地把个人理想与社会理想统一起来,为国家和社会发展做出更大贡献。

二、树立中国特色社会主义的共同理想

理想是有层次和类型的,有个人理想,也有社会理想。个人理想描绘的是个人生活事业的理想状态,而社会理想描绘的是社会发展的理想状态。个人生活于社会中,个人理想离不开社会理想。中国特色社会主义理想是一种社会理想,是一种关于中国社会发展状态的理想。它对于个人理想具有整合作用,是若干个人理想的寄托和发育之所。当代中国人对自身生活和发展的若干期望和设想,事实上是以中国经济社会的持续发展为背景的,所以个人理想能否正确定位、能否实现,离不开对中国特色社会主义这一社会理想的把握。

中国特色社会主义共同理想是社会主义核心价值体系的主题。随着我国市场经济的深入发展,我国经济成分、组织形式、就业方式、利益关系和分配方式呈现出多样化的态势,不可避免会出现价值观的多元化,这就必须要有一个能够代表广大人民根本利益、为社会各阶层广泛认可和接受、能有凝聚各方面智慧和力量的共同理想。有了这个理想,才能有共同步调。这个共同理想就是在中国共产党的领导下,坚持和发展中国特色社会主义,实现中华民族的伟大复兴。

中国特色社会主义共同理想是一个具体的阶段性理想。对共产主义远大理想的追求是一个漫长的历史过程,在这个过程中,必然有若干个阶段性理想。与共产主义远大理想相比,阶段性理想更为具体。中国处于并将长期处于社会主义初级阶段这一基本国情,决定了中国特色社会主义共同理想具有鲜明的时代性。

中国特色社会主义共同理想凝聚着党、国家、民族、个人的利益和愿望,是全体中国人民都认同和追求的共同理想。在社会生活中往往

会出现不同的理想,但并不是所有的理想都能成为共同理想。有的理想只代表了少数人或个别人的利益和愿望,它只能成为个别或少数人的追求目标。在发展中国特色社会主义伟大实践中,国家要基本实现现代化,民族要实现伟大复兴,个人要过上宽裕的小康生活,这些不同层面和不同角度的愿望和要求,在中国特色社会主义共同理想上得到汇聚,体现了党、国家和人民利益的高度一致性,同时也使得中国特色社会主义共同理想成为全社会共识,成为号召全国各族人民团结奋斗的精神旗帜。中国特色社会主义理想之所以能成为共同理想,就是因为它代表和反映了中国社会最广大人民的根本利益,为广大人民所认同和接受。

虽然每位同学的个人理想不同,但是我们必须清醒地认识到,社会理想决定并制约个人理想,个人理想与社会理想目标一致,实现的可能性就大;如果方向相反,就不易实现,实现了也会造成损害。个人理想体现社会理想,社会理想依赖于个体理想的实现。现阶段的中国,这个"势"在某种程度上说,就是建设中国特色社会主义,实现中华民族的伟大复兴。这也是现阶段所有炎黄子孙的共同理想。当代大学生要成才,就应该认识到这一大"势",树立走中国特色社会主义道路的共同理想,树立为实现中华民族伟大复兴而奋斗的坚定信念,把个人理想与社会理想结合起来。只有这样,大学生的个人理想才能拥有正确的方向保证。

坚定对中国共产党的信任。中国共产党的宗旨是全心全意为人民服务,中国共产党成为革命和建设的领导核心是历史的选择。历史已经证明,中国共产党可以带领中国人民推翻三座大山,取得中国革命的胜利,建立新中国。历史也在证明,中国共产党具有敢于坚持真理、勇于修正错误的坚毅品格和博大胸怀,具有反腐倡廉的坚定决心和能力,能够始终保持自己的先进性,能够率领全国人民建设中国特色社会主义,能够实现中华民族的伟大复兴。

坚定走中国特色社会主义道路的信念。社会主义至今只有不到

200 年的时间，其间虽然取得的成就让世人瞩目，但社会主义还处在初级阶段，还有许多的不完善，还有许多的问题需要解决。要在这么短的时间内取代资本主义是不可能的，但这并不意味着社会主义没有生命力，没有发展的前途，不能由此而否定社会主义。因为选择社会主义道路是中国历史发展的必然。近代中国人不是没有尝试过走资本主义道路，但事实表明走不通，最后中国人民选择了新民主主义革命和社会主义前途。我们承认共产主义的实现是一个“非常漫长的历史过程”，但这并不等于我们放弃对理想的追求，更不意味着我们不再对人类发展的未来做科学的预见。如果只纠缠于共产主义理想“何时才能实现”的具体问题，不但会忽视今天的社会主义实践探索，而且也会导致对共产主义理想的否定。

坚定实现中华民族伟大复兴的信心。中华民族是一个历史悠久的伟大民族，在数千年的历史长河中，创造了辉煌的文明，为人类发展和进步做出了举世公认的重大贡献。但是近代以来，中国沦为半殖民地半封建的国家，国家积贫积弱，人民饱受磨难。为拯救民族危亡，中国人民进行了长期探索和斗争，许多志士仁人为之流血牺牲，但都没能改变中国人民的悲惨命运。中国共产党勇敢地担负起实现中华民族伟大复兴的庄严使命，百年屈辱的历史使中国人民认识到，只有实现中华民族的富强才是屹立于世界民族之林的前提和基础，落后就要挨打。因此，民族的振兴是每一个大学生的历史责任。

第三节　架起通往理想彼岸的桥梁

理想是美好的，但它既不能自发地形成，更不可能一帆风顺地实现。理想信念不仅是一个思想认识问题，更是一个实践问题。理想不等于现实，理想的实现往往要通过一条充满艰难险阻的曲折之路。只有实践，才是通往理想彼岸的桥梁。

一、确立远大的志向

在中国传统文化特别是人生哲学中，非常重视“志向”。孔子说，三军可夺帅也，匹夫不可夺志也。诸葛亮说，志当存高远。宋代文学家苏轼说过，古之立大事者，不惟有超世之才，亦必有坚忍不拔之志。“志向”这个词具有两方面的含义，一是确立一个目标和方向；二是用顽强的意志去追求它。“志向”就是理想信念。“立志”就是确立理想信念。青年时期是理想形成的重要时期，也是立志的关键阶段。在确立自己的理想信念时，应该注意以下几个方面的问题。

把崇高的理想和坚定的信念结合起来。失去信念的理想是虚幻的，失去理想的信念是空泛的。理想与信念相结合，就是美好的想象与深刻的认同相结合，就是明确的目标与执著的态度相结合。不论是生活理想、职业理想、道德理想，还是社会政治理想，都是与相关的信念结合在一起的。因此，当形成自己的生活理想、职业理想、道德理想和社会政治理想的时候，同时也应确立起生活信念、职业信念、道德信念和社会政治信念。

把个人的理想与社会的理想结合起来。个人总是存在于一定社会之中，当代中国的大学生在确立自己的理想信念时，不能脱离当代中国的社会现实。建设中国特色社会主义，这是当代中国最大的现实，也是全体中国人民共同的理想信念。这个共同的理想信念具有明确的方向性和指导性，同时也具有极大的包容性。在这个大的理想信念的框架之中，每一个人可以根据自己的特点和需要，形成自己在生活、职业、道德等方面的理想信念。这些个人的理想信念越具有自己的个性和多样性，建设中国特色社会主义这个共同的理想信念就越丰富多彩、充满活力。那种认为社会理想与个人理想无关，甚至社会理想压制个人理想的看法，是完全错误的。我们强调个人理想要符合社会理想，并不是要排斥和抹煞个人理想，而是要摆正个人理想同社会理想的关系。

把远大的理想与个人的努力结合起来。漫长的征途需要一步一步地走，崇高理想的实现需要一点一滴的奋斗。古人云："合抱之木，生于毫末；九层之台，起于累土；千里之行，始于足下。"实现崇高理想，要从我做起，从现在做起，从平凡的工作做起。著名数学家华罗庚曾语重心长地教育年轻学子说，踏踏实实、循序渐进，与雄心壮志、力争上游并不矛盾，不踏踏实实打好基础，就无法攻尖端、攀高峰，有时表面上好像是爬上去了，但实际底子是空的。华罗庚认为，雄心壮志需要有步骤、一步步地、踏踏实实地去实现，一步一个脚印，不让它有一步落空。就好像坚固的房屋需要厚实的地基，即使外表再华丽的建筑，如果没有扎实的地基，也称不上是好的建筑。通往理想的路是遥远的，但起点就在脚下，在一切平凡的岗位上，在扎扎实实的学习和工作中。伟大出自平凡。祖国的振兴、富强，民族的繁荣，需要每一个社会成员尽其才、奋其志。大志也好，小志也罢，都是个人的追求、个人的取向，都是要一步步地去实现的。

二、认清实现理想的长期性、曲折性和艰巨性

在现实生活中，人们往往对理想有许多美好的想象，而对理想实现的艰难则估计不足。希望顺利地实现理想，渴望早点实现理想，这是人之常情。但是如果不切实际地把理想的实现设想得过于简单，对前进道路上的困难缺乏思想准备，那就不仅使人对理想的追求产生消极的影响，而且易使人对理想失去信心。因此，在确立理想之时，就要预先清楚地认识到这一点。

理想的实现具有长期性。理想变为现实需要一个过程。一般来说，理想目标越小越低，实现它所需要的时间就越短；而理想越是高远，实现它就越需要更长的时间。但是，即使是那些比较容易实现的理想，也不是一蹴而就的。通常人们总是把理想的实现想象得过于简单，然而事实上理想的实现往往比事先所预料的要复杂得多，特别是比较高远的理想，当人们十分热切地期待着它实现的时候，它却并不如人们所想象和期望的那样迅速到来。中国有句俗语叫"望山跑死

马”,意思是说,看起来山离我们很近,似乎很快就能到达山脚下,但把马累死也难以迅速到达。理想实现的长期性是对人们的耐心和信心的考验,对此必须做好充分的思想准备。

理想的实现具有曲折性。通向理想的道路不是笔直的,而是充满曲折。正由于曲折,追求理想的道路才更加漫长。有时候有一条道路似乎很直接,离目标最近,但走到最后却发现与理想目标隔着一道鸿沟,可望不可即。有时候人们走上一条迂回弯曲的道路,似乎越走离目标越远,但实际上却真正能到达终点。有些情况下,道路的曲折性是与人们主观上犯了错误、走了弯路有关。人们在探索实现理想的过程中,犯一些错误,走一些弯路是难免的,这本身就是道路曲折性的一种表现。假如人们不犯错误,也并不意味着可以走一条直路。鲁迅先生曾说:“不是正因为黑暗,正因为没有出路,所以要革命的么?倘必须前面贴着‘光明’和‘出路’的包票,这才雄赳赳地去革命,那就不但不是革命者,简直连投机家都不如了。虽是投机,成败之数也不能预卜的。”追求理想的道路本身就是曲折的,就像盘山公路,正是在转变中不断地接近目标。比如,无产阶级追求的是社会主义革命的胜利,但在中国却首先要为实现资产阶级革命的目标而奋斗。社会主义的本质要求消灭私有制,但在我国社会主义初级阶段又要允许和鼓励私有经济的发展。对这些问题均要联系我们的大目标来考虑,把它们看作是实现最终理想所必经的阶段。只有这样,我们才能对正在做的事情充满热忱。

理想的实现具有艰巨性。尽管不同的理想实现的困难程度有所不同,但是总的来说,任何一种理想的实现都不是轻而易举的。因为理想的超越性决定了它不是现实状态的简单延伸,而是要对自我和现实做出较大的改变才能实现。而这种改变必然会遇到各种阻碍和困难,其中有的属于客观条件方面,有的则属于主观条件方面。纵观人类社会发展史,任何一种社会政治理想的实现都不是轻而易举的,必然会遇到各种各样的困难和波折,充满着艰险和坎坷。要实现理想、创造未来,就必须有战胜种种艰难险阻的坚定不移的信心和坚韧不拔的毅力。在实现理想的征途中,遭遇到一点困难、曲折或失败,就灰心丧气、悲观失望甚至动摇理想信念的人,不可能将理想最终变为现实,也不可能体会到实现美好理想的巨大幸福。

三、在实践中化理想为现实

理想和现实是一对矛盾,二者的关系既对立又统一。理想来源于现实,是对现实的反映,但不等于现实,是现实的升华。作为当代大学生,我们都有着自己的理想,但是往往却没有把这些理想化为现实,我们需要培养这种在实践中化理想为现实的能力。

(一)正确认识理想与现实的关系是实现理想的思想基础

理想与现实的关系是辩证的。理想源于现实,又高于现实,是现实的升华。理想与现实是有矛盾和差距的,这种矛盾是"应然"与"实然"的矛盾。理想是指向未来,是对现实的超前反映,是价值目标的较高层次,是一种观念意识;现实是指向过去和现在,是价值目标的较低层次,是一种客观存在。在现实之中,既有假、恶、丑,也有真、善、美,现实比理想实在,但是它有待于进一步向前发展;理想是真、善、美的反映,是通过人们的努力而实现的一种未来的现实。

理想与现实的统一性表现为:其一,相互依存。理想是相对于现实而言的,是现实发展趋向的反映,现实是相对于理想而言的,是理想的基础和实现理想的出发点;其二,相互渗透。现实中有理想,它不过是过去理想的实现,理想中有现实,理想是未来的现实。现实和理想都不是纯粹的、绝对的,而是辩证的、相对的,从绝对的意义上说,任何现实和理想其实都是理想和现实的统一;其三,相互转化。现实经过追求奋斗可以转化为理想,一定理想实现以后它又将成为产生新的更高理想的现实。人类的历史和人生的过程从这一意义上说,正是不断地由现实向理想、理想向现实转化的过程。

对理想和现实关系的认识要防止两种误区:第一,用理想全面否定现实，认为现实一无是处，从而怨天尤人，或者提出不切实际的要求，最终使理想搁浅。有的人用理想的标准来衡量和要求现实，当发现现实并不符合理想的时候，就对现实大失所望，甚至极为不满。这样发展下去可能会导致对社会现实全盘否定，逃避或反对现实社会。第二，用现实否定理想。认为理想是空想，想了也是白想，对现实毫无作用。有些人当发现理想与现实有矛盾时，不加分析地全盘认同当下的现实，对现实中一些消极乃至丑恶的现象不愤怒、不斗争，甚至与之同流合污。还有的人由于看到理想与现实的矛盾，而对理想失去信心和热情。

处理理想与现实的关系应持的态度是面对现实，立足现实，追求理想。理想和现实的辩证统一关系启示我们，在人生实践中必须坚持理想和现实的统一。因为，二者在人生中都是不可缺少的。理想是美好的，但只能慰藉心灵，不能满足人的生存发展的实际需要；现实相对于理想可能是不尽如人意甚至是灰暗的、丑陋的，但却是人生活的实实在在的土壤。如果只讲现实，没有对美好未来的向往和追求，我们只能碌碌无为，成为凡夫俗子，甚至可能会不堪现实的重负而成为恶劣环境的牺牲品；如果只讲理想，不面对现实，我们也难免到处碰壁，甚至会在玫瑰色的美梦中走向失败。

（二）勇于实践、艰苦奋斗是实现理想的根本途径

理想必须付诸实践才能成为现实，才有实际意义。仅仅怀着这种坚定不移的信念其实也是不够的，那样理想就成为了空想，我们必须付出努力与汗水，在实践中用实际行动来证明自己，完善自己，提高自己的能力，这样才能一步步地靠近自己的理想，从而化理想为现实。

第一，理想必须通过实践才能转变为现实。再好的理想，如果不付诸行动，就没有实际意义。当代大学生要实现自己的远大理想，必须正确地处理好远大理想与近期目标（理想）的关系。个人理想的实现，要靠每个人的实际行动。大学生只有在实践中踏踏实实，从小事做起，一个一个地实现近期目标，逐渐积累，才有可能实现远大理想。

第二,艰苦奋斗是实现理想成就伟业不可或缺的条件。讲艰苦奋斗,并不是要无谓地自讨苦吃,而是为了实现既定的理想,不怕吃大苦、耐大劳,不惜献出自己的一切。在通向理想的道路上,在实现理想的过程中,没有艰苦奋斗的精神,理想是不会自动转化为现实的。

正是在为了追求理想而艰苦奋斗的过程中,人的理想和信念经受了考验,得到了磨炼,从而变得更加坚定了。只有经历了患难和在逆境中奋斗的人,才知道理想之可贵,才会体会到信念的力量,也才能形成坚定的信念和坚强的意志。对于追求理想的人来说,“苦”是相对的,它可以转化为“甜”。通常所说的吃苦,往往是肉体上的痛苦,是由于缺少物质生活条件而造成的痛苦。肉体的痛苦当然也会造成精神的痛苦,但对于追求理想信念的人来说,物质上的“苦”会变成精神上的“甜”。在革命战争年代,革命根据地的条件是非常艰苦的,但革命者却处处洋溢着革命乐观主义精神,革命者在精神上是非常充实而愉快的。因此,为了理想而艰苦奋斗,也是一种充实而愉悦的人生体验。

艰苦奋斗的本质内涵体现在两个层面上。在物质层面,要求人们面对现实,立足现有条件,努力改变既存状况,同时珍惜劳动创造的物质财富,并在此基础上创造出更多的价值。在精神层面,体现为一种不畏艰难困苦、锐意进取、坚韧不拔、奋发有为的主体精神和人格风范,是一种自强不息、知难而进、积极进取、乐观向上的人生观和世界观,以及相应的精神状态和行为品质。

阅读书目

1. 毛泽东:《青年运动的方向》,《毛泽东选集》第 2 卷,人民出版社 1991 年版。

2. 张应杭、孙慧玲:《当代大学生道德理想论》,浙江人民出版社 1993 年版。

3. 钱焕琦:《做历史的同时代人——大学生思想道德修养的理性思考》,上海人民出版社 2002 年版。

学习思考

1. 结合自身实际,谈谈理想信念对大学生成长成才的重要意义。

2. 如何认识个人理想与中国特色社会主义共同理想的关系?

3. 联系历史与现实,谈谈对实现理想的长期性、曲折性和艰巨性的认识。

4. 结合自身实际,谈谈如何在实践中化理想为现实。

第二章　继承爱国传统　弘扬民族精神

爱国主义就是千百年来巩固起来的对自己的祖国的一种最深厚的感情。

——列　宁

我荣幸地从中华民族一员的资格，而成为世界公民。我是中国人民的儿子，我深情地爱着我的祖国和人民。

——邓小平

惟有民魂是值得宝贵的，惟有他发扬起来，中国才有真进步。

——鲁　迅

爱国主义是千百年来固定下来的对自己祖国的一种最深厚的感情。它同为国奉献、对国家尽责紧紧地联系在一起。爱国主义是一种崇高的思想品德。当代大学生要适应时代发展的要求，正确认识祖国的历史和现实，继承中华民族爱国主义优良传统，弘扬民族精神和时代精神，增强爱国的情感和振兴祖国的责任感，树立民族自尊心与自信心，锐意进取，自强不息，艰苦奋斗，顽强拼搏，真正把爱国之志变成报国之行，为振兴中华而勤奋学习。

爱国主义是推进中国社会前进的巨大力量，是各族人民共同的精神支柱，是社会主义精神文明建设的重要组成部分，同时也是社会主义建设者和接班人的基本要求。正是在爱国主义精神的激励和鼓舞之下，中华民族才能历经沧桑，经磨难而不倒，历挫折而不衰，屹立于世界民族之林。

第一节 爱国主义是中华民族宝贵的精神财富

一个国家的民族意识和民族觉悟的集中体现是爱国主义，而爱国主义作为一种强大的精神力量，又是一个民族赖以生存和发展的灵魂所在。

一、爱国主义的科学内涵

爱国主义体现了人民群众对自己祖国的深厚情感，反映了个人对祖国的依存关系，是人们对自己故土家园、种族和文化的归属感、认同感、尊严感与荣誉感的统一。它是调节个人与祖国之间关系的道德要求、政治原则和法律规范，也是民族精神的核心。爱国主义有主、客观两方面的不同要求，从主体精神状态看，它是爱国情感、爱国思想和爱国行为的统一。

首先，爱国情感是爱国主义的感性基础。古今中外，人们都把自己的祖国比作“母亲”，对它怀有极其深厚的感情，祖国的英文单词就是“motherland”，字面含义就是母亲之国，对母亲之国的热爱，是人类的一种共同情感。这种感情在人类所有的感情中最纯粹、最高尚、最神圣，其表现形式也十分丰富。比如，有对养育自己的美丽国土、锦绣家园、富饶土地的眷恋感，对伟大祖国的悠久历史、灿烂文化、传统美德的钦佩感，对各族人民和骨肉同胞的亲和感、尊重感、归属感，对建设伟大国家，维护国家独立、主权和领土完整的责任感、义务感、献身感，等等。

其次，爱国思想是爱国主义理想的升华，是在热爱祖国的基础上产生的对祖国的历史、现状和未来，以及个人与祖国关系的一种理性认识，它常常以某种观念、思想、理论的形式表现出来。这种思想观念作为群体意识，凝聚着人们对国家及其根本利益的整体认识，对祖国前途命运的理性审视和把握，对建设祖国的理想和筹划，具体表现为民族自尊意识、民族自强意识、民族自觉意识、民族忧患意识、竞争参与意识等。作为个体意识，潜在于人们的内心深处，包括对自己祖国的亲身体验和间接认识，对祖国传统文化的评价，对国家利益的认同等，从而形成个体的特定的祖国观。

最后，爱国行为是爱国主义的具体实践，是人们身体力行，以报效祖国的实际行动来抒发自己的爱国情感、实践爱国思想和完成爱国志向，为祖国的繁荣昌盛多做贡献。爱国主义是具体的，不是抽象的，不能口头上说爱国，结果国家集体需要的时候却逃避了。当祖国需要的时候，应勇敢、自豪地站在最前面，自觉承担起为国家富强、民族复兴而奋斗的历史使命！

只有将爱国情感、思想、行为三者统一，才是真正的爱国主义者，才不会沦为夸夸其谈的口头爱国者或鲁莽激愤的民主主义者。除了主体精神状态，爱国主义从客观内容方面看，是爱国民、爱传统和爱国家的统一。

热爱骨肉同胞。爱国民就是热爱“生于斯长于斯”的祖国骨肉同胞。历史证明所有的爱国者都热爱自己的骨肉同胞，热爱自己的人民。封建社会也强调，民重君轻，敬民爱民，则国家兴盛；轻民贱民，则国家衰败。我国自古就有许多“先天下之忧而忧，后天下之乐而乐”为民请命的爱国志士，后来更有“全心全意为人民服务”的无产阶级政党的执政宗旨。摆正个人与人民的位置，增强民族的凝聚力和向心力，才能实现国家的振兴、发展。对自己骨肉同胞的爱，是对整个民族利益共同体的自觉认同；对人民群众感情的深厚程度，是检验一个人对祖国忠诚程度的试金石。爱自己的骨肉同胞，就是要培养对人民群众的深厚感情，永远和人民群众站在一起。

热爱祖国的灿烂文化。文化常常被称为一个国家或民族的胎记，是一个民族得以延续的精神基因，是民族凝聚力的重要基础。中华民族是一个具有五千年文明历史的古老民族，在民族文化的历史发展中,曾创造过许多辉映万古的灿烂业绩。正是因为有了丰富的中华文化传统,才使中国成为一个富有生命力的有机体。

热爱自己的国家。国家和祖国是两个不能完全等同的概念,英文中的祖国是“motherland”,国家是“country”。“祖国”更突出民族性和自然性,“国家”更强调政治性和阶级性。也许有同学简单地认为:“热爱祖国就是热爱她的壮丽河山、悠久历史和文化,与爱政党、爱制度没有必然联系。”显而易见,这是一种比较片面的的观点。爱祖国有一个政治要求,那就是爱自己的国家,也就是说,今天爱祖国意味着爱中华人民共和国、爱社会主义制度,拥护中国共产党。一个国家的政治前途如何,直接关系到这个国家和民族的荣辱兴衰。所以爱国家是爱国主义不可缺少的重要政治内容,是爱国主义在现实中必然要有的载体。

二、爱国主义的优良传统

爱国是世界各民族公认的价值标准。自从有国家以来,世界各族人民都以是否热爱自己的祖国、能否为国家贡献力量作为评价尺度,来评价一切个人、集团、政党、阶级的言行,并作为一个重要标准来评判一个国家的社会道德状况。热爱祖国的思想和行为,在人类社会生活中具有深刻的道德意义。人们把是否热爱自己的祖国作为分辨美与丑、是与非的准绳。

国家一般是由多个民族构成的。各民族之间虽然在生活方式、风俗习惯等诸多方面存在差异,但在对自己国家的热爱之情上是一致的。人们都渴望建设好家园,努力加强国家对民众的吸引力,注意清除离心力,千方百计弘扬本民族的优秀文化,提高民族自豪感和自信心,使国民热爱自己的国家,安于斯土,乐于斯土。这已成为世界各民族共同持有的价值评判标准,成为世界各民族文化的有机组成部分。

中华民族富有爱国主义的光荣传统,爱国是中华民族的传统美德。中华民族是由多民族融合而成的伟大民族,各兄弟民族自古以来就在祖国广袤无垠的疆土上生息劳作，在共同创造中华民族灿烂文明的历史进程中，彼此间的关系越来越密切，形成了一个多民族的大家庭。热爱祖国、保卫共同的家园，是各兄弟民族的一致心愿。中华民族的爱国优良传统历史悠久、源远流长，主要表现为：缔造、维护祖国的统一和民族团结，反对外来侵略，推动社会进步和捍卫祖国领土的完整，开发祖国河山，创造灿烂的中华文明。

几千年来，勤劳、勇敢、智慧的中国人民坚持不懈地开发祖国河山，创造灿烂的中华文明，推动祖国朝着繁荣富强的方向前进，这是中华民族热爱祖国的重要表现。在开发祖国河山的艰苦斗争中，以大禹、李冰父子和徐光祖等为优秀代表表现出的改天换地的英雄气概和勇于探索的拼搏精神、求真务实的态度，成为中华民族宝贵的精神财富。与此同时，“位卑未敢忘忧国”的忧国忧民意识和“先天下之忧而忧、后天下之乐而乐”的高尚情操，也是鼓舞人民热爱祖国的宝贵的精神食粮。诸葛亮鞠躬尽瘁、死而后已的精神，魏征犯颜直谏、无所畏惧的气概，包拯刚正不阿、执法如山的品性，海瑞为民请命、除暴安良的勇气等，都流芳千古，为世人歌颂。

在中国近代史上，帝国主义列强的铁蹄踏入中华大地，中国各族人民为捍卫祖国领土的完整和主权独立，与侵略者进行了殊死搏斗，充分显示出中华民族同仇敌忾、捍卫祖国尊严的爱国精神。戚继光抗击倭寇、郑成功收复台湾的英雄壮举，谱写出中华儿女在祖国危难之际前仆后继、甘洒热血、反抗侵略、捍卫祖国的历史篇章。中华民族的近代史是一部屈辱史，也是一部充满着无数爱国事迹的英雄史诗。从1840年鸦片战争开始，西方列强的侵略使中国一步一步沦为半殖民地半封建社会，中国人民遭受着帝国主义和封建主义的双重压迫。这一时期中华民族的爱国主义特征主要表现为反对帝国主义、维护国家主权和民族尊严，反对封建主义、推翻腐败的封建专制统治。为了救亡图存，许多仁人志士艰苦求索，寻求救国救民、振兴中华的道路。为了改变自己的悲惨境遇，中国人民进行了一次又一次英勇卓绝、可歌可泣的斗争。这些斗争在当时的社会历史条件下为拯救中国做出了积极贡献。在反对帝国主义、封建主义的斗争中,涌现出林则徐、魏源、康有为、梁启超、孙中山等爱国志士,在他们的身上充分体现了中国人民伟大的爱国品格。

1919年爆发的"五四"运动,是一次伟大的反帝反封建的爱国运动。这次爱国运动与以往历次的革命运动有着重大的不同:它是在俄国十月革命的直接影响下开展起来的,是由受科学理论熏陶的爱国青年和工人阶级参与的一次彻底的、不妥协的反帝反封建的革命运动。"五四"运动揭开了中华民族爱国历史的崭新一页,树立了一座推动中国历史进步的爱国主义丰碑。爱国,首先是争取民族独立、维护国家主权和领土完整,反对帝国主义的奴役和封建军阀政府的卖国行径。进步,首先是反对阻碍民族独立和人民解放的一切腐朽没落的东西,推动中国社会向前发展。民主,首先是推翻专制独裁的旧制度,实现最广大人民群众的解放和民主、自由。科学,首先是探索指导中国人民根本改变受奴役、受压迫地位的科学真理和发展道路。"五四"运动所体现的爱国主义精神,是中华民族百折不挠、自强不息的民族精神的生动写照。这种历久弥新的伟大爱国主义精神,是我国几千年来发展和进步的主要力量源泉。在"五四"运动中,革命青年为救亡图存、振兴中华奔走呼号、奋不顾身,表现出了高尚的爱国情操和大无畏的革命英雄主义精神。

中国人民的爱国传统虽然在每个历史阶段有不同的特征和具体内涵,但作为中华民族世代相传的优良品格,其精神实质是一脉相承的。热爱祖国,开发祖国河山;维护祖国统一,捍卫祖国领土完整和主权独立,反对外敌入侵;维护民族团结,建设好家园,推动国家走向强盛;反对腐败,推进社会进步,等等,是中国人民热爱祖国的永恒主题。

三、爱国主义是推动社会历史前进的强大精神力量

在我国,爱国主义历来是动员和鼓舞人们团结奋斗的一面旗帜,

是全国各族人民共同的精神支柱。作为维护民族生存、抵制民族分裂、促进民族振兴的强大精神力量，爱国主义始终是一面号召多民族共同体团结奋进、协同作战、共同发展的伟大旗帜。不论是生活在哪个地区、有什么信仰，也不论是哪个民族、操着何种口音，只要是炎黄子孙、华夏儿女，是中华民族大家庭中的成员，我们在国家利益面前都是高度一致的。国家兴，则人民荣；国家强，则人民富。国家利益与人民利益、民族利益紧紧连在一起，不可分割。同时，国家就是我们共同的生活家园，祖国给我们带来了归属感、安全感和幸福感。正是这样，爱国主义才能够成为我们民族共同体的强大精神力量，成为全体中华儿女心中永不褪色的鲜红旗帜。

爱国主义具有一种强大的凝聚力。爱国主义是在一定的社会历史条件下产生发展起来的，是由人们与祖国的利益关系决定的。人们生活在一定的国度里，个人的命运与祖国的命运便紧紧连在了一起，个人的生存依赖祖国的生存，个人的发展依赖祖国的发展，个人的地位取决于国家的地位。这是历史的经验，也是世界各个民族的共识。正因如此，爱国主义才成为凝聚人们的巨大精神力量，使人们同心同德，反抗侵略，振兴国家。在我国，各民族风俗习惯、宗教信仰、语言文字多有不同，经济文化的发展存在着一些差异，但是历经数千年大风大浪的考验，整个中华民族一直保持着蓬勃的生机和旺盛的活力。是什么力量把众多的民族团结、凝聚在一起呢？正是伟大的爱国力量。

爱国主义具有一种巨大的向心力。许多港澳台同胞、海外侨胞正是在这种力量的驱动下，一心投向伟大的爱国事业。他们为了祖国的解放、建设和改革发展，不顾生活的环境、背景，甚至不顾生命危险，出钱出力，献计献策。伟大的革命先行者孙中山，其为民族之强而奋斗的事业曾得到很多海外侨胞的鼎力资助；新中国的建立，也凝结着海外侨胞的拳拳之情。昔日的陈嘉庚，当今的杨振宁、李政道等，之所以身在异域而心系祖国，就是因为爱国主义具有巨大的向心力。

爱国主义具有一种强大的感召力。祖国养育了她的国民，国民为国效力作为回报,这是人类的一种崇高的责任感和知恩图报的精神。正是在这个意义上,爱国主义是一种巨大的道德力量、一种高度的责任感。人们在爱国主义的长期感召之下,会形成感激和报效祖国的坚定信念,对祖国光明和美好的前景充满信心,为此而努力学习和工作,直至在特殊情况下不惜牺牲个人的生命。

第二节 新时期的爱国主义

当前我国正处在一个新的历史时期,在经济全球化背景下,全国各族人民在中国共产党的领导下,坚持和弘扬爱国主义精神,坚持爱国主义与爱社会主义的统一,朝着建设有中国特色社会主义现代化强国的伟大目标前进。

一、爱国主义与经济全球化

经济全球化是指在不断发展的科技革命和生产国际化的推动下,各国经济相互渗透、相互依赖连成一个整体。当今世界是开放的世界,随着国际分工和协作的扩大,经济全球化趋势已成为当今时代世界经济发展的一个显著特点。从根本上说,经济全球化是生产力和国际分工高度发展的产物。正确把握当今时代的爱国主义,必须和经济全球化的大背景紧密联系起来。

(一)经济全球化形势下,民族国家的形式没有过时

在经济全球化背景下,人与人、民族与民族、国家与国家之间的交流和沟通日益频繁。科学技术的发展和利用都是跨国界的,商品在全世界销售,资本跨国界流动,信息在全球范围内得以共享。经济交往中需要遵循共同规则,跨国公司本土化程度不断提高,不仅利用当地的自然资源,而且还充分利用当地的劳动力资源。劳动力资源在世界范围内流动,一个国家的公民可能工作和生活在另一个国家,并对另一个国家产生了感情。基于这样的变化,某些发达国家的政要和学者

借此机会积极宣称:随着经济全球化的到来,“民族国家的时代已经过去”,爱国主义已经过时。事实上,在经济全球化时代,民族国家的形式并没有过时,我们所处的时代仍然是经济全球化趋势与民族国家并存的时代,原因包含以下几个方面。

在经济全球化形势下,国家仍然是民族存在的最高组织形式。国家的产生是民族和文明发展成熟的标志。国家不仅能够凝聚民族的意志,代表社会成员的利益,动员全民族的力量,规范全社会的未来,而且是本民族整体利益的最高代表者。尽管经济全球化使国家的部分职能也处于变革之中,但是国家作为民族存在的最高组织形式未变,国家是民族整体利益的最具权威的唯一代表者的地位和功能未变。在今天的世界,哪个民族削弱了国家的地位和能力,哪个民族就面临毁灭性的生存危机,这已被当代世界历史所证明。

在经济全球化形势下,国家仍然是国际社会的最强大的独立主体。经济全球化对民族国家的主体地位和功能提出挑战,全球主义与区域主义(区域性经济联盟)挑战国家主权。民族国家的权力开始发生变化,一部分转移给世界性经贸组织,一部分转移给基层民主。但这并不意味着民族国家主体地位的削弱和消失。今天的国际社会架构仍然是以民族国家为基础的,以民族国家为国际社会的互动主体。无论是区域性的经济联盟,还是跨国公司,都不具有民族国家的主体地位,民族国家依然是国际社会中最强大、最具权威的、无可替代的主体。无论一个国家内的何种组织和个人做何种交往与互动,都必须首先与这个国家打交道,并征得它的认可,否则一切都不可能。

在经济全球化形势下,国家是促使经济全球化正常发展的最具实力的制约力量。经济全球化是世界发展的客观趋势,但是经济全球化的进程却不可避免地受大国的影响和控制。经济全球化在为各民族国家提供发展机会的同时,也为某些西方发达国家借机控制世界、控制他国,窃取别国的利益创造了机会和条件。目前,某些西方发达国家企图控制经济全球化进程,从而实现本国的利益。在这种情况下,国家仍然是维护本民族权益,抗衡大国控制和掠夺的最具实力的权威力量。这种抗衡大国控制经济全球化进程的权威力量是任何其他组织所不具备或不完全具备的。

（二）经济全球化与弘扬爱国主义精神

首先,正确认识全球化与国家利益的关系,树立民族自信心。经济全球化是世界经济发展的必然趋势,作为发展中国家,我国只有积极、勇敢地参与世界经济全球化竞争,才能不断发展我国的经济,增强我国的经济实力与综合国力。在参与经济全球化的过程中必须坚定地捍卫自己国家的利益,维护国家的安全,这些都需要爱国主义的支撑。作为一国公民,需要有全球战略的眼光,用理性而积极的心态参与经济全球化竞争,在竞争中,力争互利双赢。经济全球化是一把“双刃剑”,给发展中国家既带来机遇,也带来挑战。发达国家要求发展中国家不断开放市场,发达国家一方面促进发展中国家经济的发展;另一方面利用自身的经济、科技、军事等方面的优势不断向发展中国家输出其政治观、文化观以及生活方式,力图主导经济全球化的进程,把发展中国家纳入发达国家的发展模式和发展轨道。在这种情况下,作为发展中国家的国民,更应该坚定爱国主义信念,捍卫国家利益,维护国家民族尊严,促进国家经济、政治、文化、社会等事业的发展。我们要有坚定的信念,中华民族是伟大的民族,在历史上,曾创造了光辉灿烂的文化,为世界的发展做出了巨大贡献,我们应该树立民族自尊心、自信心、自豪感,弘扬中华民族自强不息的精神,坚信在经济全球化的今天,中华民族在建设中国特色社会主义事业中一定能够像过去一样,再次创造辉煌。我们要放眼世界,心系祖国,自觉维护国家利益,使国家的安全、荣誉、利益高于一切。只有祖国繁荣,我们才能自豪;只有祖国昌盛,我们才能幸福。每一个公民的命运与祖国民族的命运永远联结在一起。

其次,正确处理好民族利益与世界利益的关系,树立科学发展观。中国的发展离不开世界,世界的发展也离不开中国。现阶段我们在发展自己的同时也必须关心一些人类共同面临的全球性的问题如生态环境、资源能源、粮食耕地、食品安全，等等。爱国主义在新的历史时期被赋予了新的时代内涵。一方面，我们要热爱自己的祖国；另一方面，也要放眼世界，致力于解决全世界人民共同关心的问题。正确处理好热爱祖国与关爱世界，为祖国服务与为国际尽义务之间的关系。力争为世界的和平与发展做出我们应有的贡献。同时我们要树立科学发展观，建设中国特色社会主义就是要促进经济、政治、文化、社会、生态的全面协调发展，促进人与自然和谐、可持续发展，处理好经济发展、人口增长与资源环境的关系，走生产发展、生活富裕、生态良好的文明发展道路，把我国建设成为富强、民主、文明、和谐的社会主义现代化强国。

二、爱国主义与弘扬中国精神

新时期的爱国主义必须弘扬以民族精神和时代精神为主要内容的中国精神。以爱国主义为核心的民族精神和以改革开放为核心的时代精神是社会主义核心价值体系的重要组成部分。民族精神和时代精神紧密相连。民族精神是时代精神形成的重要基础和依托，时代精神是民族精神的时代性体现。两者的有机统一，构成了中国精神的本质内涵。

（一）中华民族精神的基本内涵

团结统一。团结统一的民族精神是指一个民族为了实现共同的理想和目标，凝聚全民族的意志、智慧和力量，同心同德、维护统一、顾全大局的互助合作精神。中华民族的团结统一精神，根植于华夏大地，深深地印在中国人的民族意识中，成为维护祖国统一和民族团结的牢固纽带，是中华民族的立身之本。自古以来，中国各民族之间就存在着一种强烈的民族认同感，都以自己是中华民族的子孙而自豪，都有维护国家统一、反对民族分裂的整体感和责任感。孔子修订《春秋》，主张大一统。孟子认为，天下归于一统，就会安定。到了汉代，大一统观念成了流行的观念。中国各族人民在长期的社会实践中切身感受到国家的统一是民族生存、发展的基本前提,都用自己的实际行动谱写了一曲又一曲维护统一、反对分裂的颂歌。中国从秦朝建立统一的中央集权制国家以来,之所以一直是一个统一的多民族国家,重要的原因就在于中华民族高度一致的整体感、责任感和忠实于群体的价值取向,在于各个民族之间和睦合作、友好相待的优良传统。离开了这种团结统一的民族精神,一个多民族国家要想在数千年的历史进程中始终保持统一和繁荣,是不可想象的。

爱好和平。爱好和平的民族精神是指一个民族在同其他民族的交往中,平等相待,友好相处,求同存异,团结合作,维护世界和平、促进共同发展的精神。中华民族历来以爱好和平著称于世,被誉为“礼仪之邦”。中华民族爱好和平不仅表现在与各兄弟民族、各民族成员之间的互帮互助、携手共进上,还表现在与世界上其他民族的友好交往、休戚与共上。“协和万邦”(《尚书·尧典》)、“德莫大于和”(董仲舒:《春秋繁露·循天之道》)的观念深深地扎根于中华民族的传统之中。“亲仁善邻”(《左传·隐公六年》)、“讲信修睦”(《礼记·礼运》)、“四海之内皆兄弟”(《论语·颜渊》)、“天时不如地利,地利不如人和”(《孟子·公孙丑下》),这些中国先哲的著名言论,生动地表现了中华民族在处理民族问题上的海纳百川的宽宏胸襟,充分地体现了中华民族爱好和平、与邻为善的精神。

勤劳勇敢。勤劳勇敢的民族精神是指一个民族为了自身的存在和发展,在改造客观世界的实践中,勤奋劳作、努力不懈、勇于拼搏、敢于斗争的精神。勤劳勇敢是中华民族优秀的民族性格和伦理精神,从古至今,它贯穿于中华民族社会生活的各个领域,体现在中华民族德行的各个方面。在中华民族的意识中,勤劳是一切事业成功的保证,是兴家立业的传家宝,是兴国立世之本,也是众德之首、万善之源。勇敢与勤劳是紧密联系在一起的。人类在改造自然的劳动中,要想达到理想的彼岸,既要有勤奋耕耘、艰苦奋斗的品格,又要有勇敢拼搏、排除万难去争取胜利的精神。在中国古代思想家那里,勇敢是值得崇尚的美德,强调“不畏强御”(《诗经·大雅·烝民》)、“勇者不惧”(《论语·子罕》),要求人们面对权势和强暴,要有无所畏惧的精神。同时强调“勇于义而果于德,不以贫富、贵贱、死生动其心”(扬雄:《法言·渊骞》),要求人们为了追求真理、坚持正义,有置个人荣辱、贫富、生死于外,赴汤火、蹈白刃在所不辞的见义勇为精神。中华民族依靠这种勤劳勇敢的伦理精神,缔造了古老的华夏文明,创造了一个又一个人间奇迹。

自强不息。自强不息的民族精神是指一个民族所具有的独立自主、奋发向上、不断进取的精神。中国自古以来就有“天行健,君子以自强不息”(《周易·乾》)的精神,它体现为“富贵不能淫、贫贱不能移、威武不能屈”(《孟子·滕文公下》)的坚贞刚毅精神,体现为夸父追日、大禹治水、愚公移山、精卫填海的不屈不挠的精神,体现为因时而变、随时而制、“与时偕行”(《易·损》)、“与日俱新”(张君房:《云笈七签》)、“苟日新,日日新,又日新”(《礼记·大学》)的与时俱进精神,体现为革故鼎新、“为往圣继绝学,为万世开太平”(《张载集·近思录拾遗》)的开拓进取精神。这些民族精神是中华民族世世代代、生生不息的力量源泉,是中华民族永无止境的精神追求,它激励中国人民变革创新、不懈奋斗,战胜了各种各样的风险,经受住了各种各样的考验。

(二)弘扬以改革创新为核心的时代精神

以改革创新为核心的时代精神,是当代中国人民精神风貌的集中写照,是激发社会创造力的强大力量。建设和发展中国特色社会主义是一项前无古人的创造性事业,只有坚持解放思想、实事求是、与时俱进,大力弘扬以改革创新为核心的时代精神,才能使全体人民始终保持昂扬向上的精神状态,不断推进中国特色社会主义伟大事业。

弘扬以改革创新为核心的时代精神,就要大力推进理论创新、制度创新、科技创新、文化创新以及其他方面的创新。实践基础上的理论创新是社会发展和变革的先导。要使我们的事业不停顿，首先理论上不能停顿。如果因循守旧，思想僵化，社会的创造力就会被扼杀。当今世界的变化日新月异，我国改革开放和现代化建设事业的伟大实践在不断推向前进，迫切要求我们大力推进理论创新。要坚持以实践来检验一切，自觉把思想认识从那些不合时宜的观念、做法和体制的束缚中解放出来，从对马克思主义错误的和教条式的理解中解放出来，从主观主义和形而上学的桎梏中解放出来，不断有所发现、有所创造、有所前进，不断赋予当代中国马克思主义鲜明的实践特色、理论特色、民族特色、时代特色。制度创新是其他一切创新的重要保障。制度建设具有根本性、全局性、长期性和稳定性。要大力推进体制创新，不断完善适应发展社会主义市场经济、全面建设中国特色社会主义要求的各方面机制，进一步解放和发展生产力，使上层建筑进一步适应经济基础发展的要求，使中国特色社会主义充满生机和活力。科技创新能力摆国家竞争力的核心。一个国家只有拥有强大的科技创新能力，才能有效地应对激烈的国际竞争。要把提高自主创新能力摆在重要位置，大力推进科技创新，实现科学技术的跨越式发展，使科学技术成为我国经济社会发展的强大推动力量，不断为建设创新型国家奠定坚实基础。大力推进文化创新是繁荣发展社会主义先进文化的需要。要坚持以马克思主义为指导，坚持中国先进文化的前进方向，坚持贴近实际、贴近生活、贴近群众，立足于改革开放和现代化建设的实践，着眼于世界文化发展的前沿，发扬民族文化的优秀传统，汲取世界各民族文化的长处，在时代的起点上推动文化内容形式，体制、机制和传播手段的创新，激发整个中华民族的文化创造力，提高国家文化软实力，丰富人们的精神世界，增强人们的精神力量，激励各族人民积极投身于社会主义现代化建设的伟大实践。

弘扬以改革创新为核心的时代精神，就要自觉投身于改革创新的伟大实践。创新的基础在人才。弘扬改革创新的时代精神，必须培养一大批具有创新精神的人才。要在全社会形成尊重人才、吸引人才、用好人才的制度环境、文化环境和舆论环境,努力为培养创新型人才营造良好的社会氛围。要通过良好的竞争体制来选拔人才,在事业中凝聚人才,在生活中关心人才,推动我国优秀人才的数量和质量有一个质的飞跃,把人才强国战略落到实处。

创新的希望在青年。树立以改革创新为核心的时代精神,是对大学生成长成才的基本要求,也是同学们必须具备的重要品质。大学生要掌握丰富的知识,练就过硬的本领;要养成团结协作、艰苦奋斗、脚踏实地的作风;要积极投身社会实践,深入实际,深入群众,从广阔的社会实践中提炼研究题目,在深入了解社会的基础上提出真知灼见。大学生风华正茂,保守思想最少,敢于冲破落后的、陈腐的观念,有比较丰富的科学文化知识和较高的科学素质,思维较为敏捷,具有创新潜力,是国家创新人才的重要后备军。在已举办多届的高校"挑战杯"科技创新大赛中,大学生展现了自己的创新才能,充分证明大学生是勇于创新、善于创新的群体。同学们要树立创新意识,发扬创新精神,确立与时代潮流相适应的思想观念、价值取向和行为方式,努力走在全社会的前列,努力为理论创新、制度创新、科技创新、文化创新以及其他各个方面的创新做出应有的贡献。

第三节　做坚定的爱国者

"天下兴亡,匹夫有责"表现出一个爱国者基本的责任担当。坚定的爱国者令人感动。青年大学生应该掌握专业的知识和技能,树立正确的世界观、人生观和价值观,热爱祖国的灿烂文化,维护国家利益,增强国防观念,做坚定的爱国者。

一、掌握报国之才

报国之才是报效祖国应具备的基本能力与技能,即报国的本领。爱国之情是献身祖国的感情基础,而在此基础上确立的为祖国繁荣昌盛而奋斗的人生目标就是报国之志。爱国之情和报国之志是学习和掌握报国之才的巨大动力,掌握报国之才是落实爱国之情、实现报国之志必不可少的手段和条件,只有掌握报国之才,爱国之情和报国之志才能化作报国之行。对于大学生来说,做坚定的爱国者,就是要把报国之志落实在掌握报国之才上,使自己成为中国特色社会主义的建设人才,将来为实现社会主义现代化,为中华民族的伟大复兴做出应有的贡献。

当今我国现代化建设已进入关键的历史时期,在我们这样一个人口众多、资源相对不足、经济文化比较落后的发展中国家,依靠什么来实现社会主义现代化建设的伟大目标呢?在知识经济已现端倪的今天,具有决定性意义的就是走科教兴国的道路,把经济建设真正转到依靠科技进步和提高劳动者素质的轨道上来。

“科学技术是第一生产力,而且是先进生产力的集中体现和主要标志。科学技术的突飞猛进,给世界生产力和人类经济社会的发展带来了极大的推动。”在新的世纪,新学科、新知识、新技术不断涌现,无论是发展的广度、深度,还是速度,都是过去的20世纪无法比拟的。在这场全新的竞争中,谁的科学技术、文化建设落后,就直接导致其经济的落后,也就可能成为强权政治的附庸。中国能否在21世纪崛起,中华民族能否实现伟大复兴,关键在于有没有一支高素质的建设队伍。这样一支宏大的建设大军的后备力量就是大学生,因而大学生可谓任重而道远。当代大学生要树立知识资源的观念,努力学习科学文化基础理论,掌握现代社会发展前沿的最新知识和技能,培养自主创新能力,全面提高自己的综合素质。要以更加开放的眼光,更为宽广的胸怀,满腔热情地投身于科教兴国的伟大实践。没有建设祖国的过硬本领,纵有一腔爱国热血却也无以为报。因此,努力学习现代科学文化知识和技能,全面提高综合素质,掌握建设祖国的才能,这是大学生实现报国之志,成长为有作为的爱国者的必由之路。

二、自觉维护国家利益

自觉维护国家利益，就要承担起对国家应尽的义务。每一个中国公民都要把国家的安全、荣誉和利益放在高于一切的地位，与祖国同呼吸共命运。当祖国的领土和主权受到外来侵略时，自觉地担负起保卫祖国的神圣职责；当国家的利益受到损害时，同一切损害国家利益的行为做斗争；当个人利益与国家利益发生矛盾时，个人利益应当服从国家利益。

自觉维护国家利益，就要维护改革发展稳定的大局。爱国应当是一种理性的行为，不是简单的情感表达，要讲原则、守法律，以合理合法的方式来进行。不管是在国内还是国外，既要体现中国人维护国家利益的坚定信念，又要体现出中国公民的文明形象和风范。应充分认识和尊重人类文化的多样性，虚心学习和借鉴别国的长处和经验，并积极承担国际责任，为世界的和平与发展做出贡献。

自觉维护国家利益，就要树立民族自尊心和自豪感。民族自尊心和自豪感就是相信依靠本民族的力量能够迎接挑战、战胜困难，使自己的祖国傲然屹立于世界民族之林。坚定的民族自尊心和自豪感，是维护国家利益、促进民族进步的取之不尽、用之不竭的强大精神动力。邓小平曾告诫我们："谈到人格，但不要忘记还有一个国格。特别是像我们这样第三世界的发展中国家，没有民族自尊心，不珍惜自己民族的独立，国家是立不起来的。"真正的爱国者，在任何时候、任何情况下都要把维护国家的安全、荣誉和利益放在第一位，把民族自尊心和自豪感体现在爱国的实际行动中。

三、促进民族团结和祖国统一

我国是个多民族的国家，新中国成立后，中华民族是由多民族融合而成的伟大民族。自秦始皇统一中国以来，伟大的中华民族就一直保持着统一的历史。新中国成立后，在中国共产党的领导下，五十六个民族坚持团结、平等、互助和共同发展，为祖国的繁荣昌盛而努力奋斗！国家实行民族区域自治制度,特别强调尊重不同民族的文化传统、宗教信仰和风俗习惯。实践证明,民族区域自治制度的实行,对于维护和巩固祖国的统一,维护各民族的利益和权利,促进各民族的共同团结奋斗和共同繁荣发展,发挥了极其重要的作用。

做坚定的爱国者,应当维护民族团结和国家统一,反对民族歧视和民族分裂,尊重民族风俗习惯,促进民族平等、团结、互助,共同发展,共同进步。《中华人民共和国宪法》序言中写道:“中华人民共和国是全国各族人民共同缔造的统一的多民族国家。”维护民族团结,既要反对大民族主义,主要是大汉族主义,也要反对地方民族主义。宪法第52条规定:中华人民共和国公民有维护国家统一和全国各民族团结的义务。这充分体现了爱国主义是法定原则。在中国共产党的领导下,维护民族团结,促进祖国统一,不仅是每个中国人的职责和义务,也是每个中国人正确处理个人与民族、个人与国家,民族与民族、民族与国家的新时期爱国主义的重要内容。一个真正的爱国者,在民族团结和祖国统一的大是大非问题面前,应始终以祖国和民族的根本利益为前提,坚决反对一切损害民族团结和祖国统一的错误言行。大学生作为社会主义现代化事业的建设者和接班人,更应在思想和行动上自觉维护国家和民族的根本利益。

中华人民共和国的成立,标志着中华民族的历史开始了一个新纪元。但是由于各种历史的原因,香港和澳门曾分别在英国和葡萄牙的殖民统治之下,1997年香港回归祖国,1999年澳门回归了祖国,台湾则仍未回到祖国的怀抱,国家统一大业尚未最后完成。祖国统一是中国历史发展的必然要求,是全中国人民包括台湾同胞、港澳同胞和海外侨胞在内的共同愿望。正如邓小平生前所说,实现国家统一是民族的希望,是民族的希望,是民族的感情,分裂状态是违背民族意志的。

党的十一届三中全会以来,随着国际形势的新变化和解放思想、实事求是思想路线的确立,在考虑和平解决台湾问题进而扩展到解决香港、澳门问题的过程中,邓小平集中全党的智慧,提出了“一国两制”

的构想。坚持按照“一国两制”构想，实现祖国的和平统一，是中国共产党和中国政府在解决台湾、香港、澳门问题上的既定方针，体现着解决国家统一问题的新思路，符合中国的实际，符合中华民族的根本利益，也符合世界发展的潮流。1997年7月，香港回归祖国，1999年12月，澳门也回到祖国的怀抱。现在香港、澳门两地区高度自治，社会稳定，经济繁荣，人民安居乐业，这在实践上证明了“一国两制”构想是切实可行的。我们相信，台湾问题也会在这一伟大构想的指导下，最终得到妥善解决。

四、增强国防观念

国防是国家为抵御外来侵略与颠覆，捍卫国家主权、领土完整，维护国家安全、统一和发展，而进行的军事以及与军事有关的政治、经济、科技、文化、教育等方面的建设和斗争。国防观念是指一个国家和民族对国防建设的目的、内容、途径和重要性等问题的认识，它主要包括国防忧患意识、国防目标意识、国防价值意识、国防责任意识、国防法制意识和国防献身意识等。国防是国家生存和发展的安全保障。在当今时代，维护世界和平，维护国家安全，促进国家统一和发展，需要建立强大、巩固的国防。

虽然和平与发展是当今世界的主流，但局部战争时有发生，世界各国都把国防建设摆在十分突出的位置。我国近几十年来无战事，一些人便随着战争枪炮声远去而淡化了国防观念。有的人把国防只看成是国家的事、军队的事，与自己无关，这是十分危险和可怕的。战争可以千日不打，观念不可一日松懈。在改革开放初期，邓小平就深刻地指出，要始终把国家安全和主权放在第一位。一个国家和民族如果安全利益得不到保障，就不会有其他利益可言。北约轰炸我国驻南联盟大使馆的野蛮行径再次给我们敲响了警钟：我们必须抓紧时间加强经济建设，使自己强大起来，从而进一步加强国防建设。我们要时刻强化自身的国防观念，树立有备无患、居安思危的观念。

增强国防观念,是大学生报效祖国、弘扬爱国主义精神的重要体现。爱国就要热爱祖国、建设祖国、保卫祖国。我国宪法明确规定,保卫祖国、抵御侵略是中华人民共和国每一个公民的神圣职责。在历史上,无数青年学生为了国家的独立和民族的富强,纷纷献出了宝贵的生命。今天,尽管我们国家处于和平时期,但"天下虽安,忘战必危",这就需要我们具备强烈的爱国之情、报国之心、保国之志。大学生作为社会主义事业的建设者和接班人,应增强国防观念,心系国家的安危,在祖国和人民需要的时候能挺身而出,肩负起保家卫国的重任。

增强国防观念,是大学生履行国防义务,关心支持国防和军队建设的必然要求。中国共产党领导集体一贯强调要对全民进行国防教育,增强全民国防观念。毛泽东在抗战初期,就明确提出对人民大众进行"国防教育"和精神动员,并视其为坚决抗战的八个办法之一。改革开放以来,邓小平强调要加强对公民特别是青少年的国防教育,指出国防教育要从娃娃抓起。大学生既是社会主义现代化建设的有用人才,也是国防建设的后备人才,必须具有很强的国防观念和忧患意识,自觉关心国防并积极履行国防义务,努力为国防和军队现代化建设贡献智慧和力量。

增强国防观念,是大学生提高综合素质,促进自身全面发展的迫切需要。大学生通过接受国防和军事方面的教育训练,增加国防观念,掌握基本的国防知识,不仅有助于强健体魄,磨炼意志,也有助于养成讲道德、守纪律的良好风尚,在思想、知识、技能和体质等各方面得到全面发展,从而有力地促进自身综合素质的提高,成为国家的栋梁之才。

阅读书目

1. 雷锋:《雷锋日记》,远方出版社 2012 年版。
2. 方志敏:《可爱的中国》,中国青年出版社 2009 年版。
3. 罗广斌、杨益言:《红岩》,中国青年出版社 2013 年版。
4. 黄晖:《恰同学少年》,湖南人民出版社 2007 年版。

学习思考

1. 什么是爱国主义？简述其科学内涵。
2. 新时期爱国主义有哪些主要内容?
3. 如何做一个坚定的爱国者?

第三章　领悟人生真谛　创造人生价值

每个人都争取一个完满的人生。然而，自古及今，海内海外，一个百分之百完满的人生是没有的。所以我说，不完满才是人生。

——季羡林

人生的价值，并不是用时间，而是用深度去衡量的。

——列夫·托尔斯泰

一个人的价值，应该看他贡献什么，而不应当看他取得什么。人只有献身于社会，才能找出那短暂而有风险的生命的意义。

——爱因斯坦

人生观是人们在实践中形成的对于人生目的和意义的根本看法。人生目的是人生观的核心，人生态度是人生观的现实体现；人生价值对人生目的的选择和人生态度的形成具有至关重要的影响。自我价值和社会价值是人生价值中一对重要的概念。人生价值评价的根本尺度，是看个人的实践活动是否符合社会发展的客观规律，是否通过实践促进了历史的进步。社会评价人生价值的普遍标准，则是个体的劳动以及通过劳动个体对社会和他人所做出的贡献。创造有价值的人生，离不开一定的社会环境。科学对待人生环境，主要就是要促进自我身心的和谐，个人与他人、社会的和谐，个人与自然的和谐等。

当代大学生不仅要确立远大的理想和坚定的信念,还必须树立科学的人生观,深入思考“人的本质是什么”“人活着为了什么”“怎样的人生更有意义”等根本问题,明辨是非、善恶、美丑。这些问题的澄清对同学们领悟人生真谛、创造人生价值至关重要,一定意义上它还关系到祖国的社会主义现代化建设事业和中华民族的复兴伟业。

第一节　科学人生观的选择与确立

所谓人生观,是人们在实践中形成的对于人生目的和意义的根本看法,它决定着人们实践活动的目标、人生道路和方向,也决定着人们行为选择的价值取向和对待生活的态度。有什么样的人生观就会有什么样的人生。人生观具有多样性,人生在世,每个人都有对人生的不同看法。人人都有人生观,区别只是在于是否正确、科学。只有树立了科学的人生观,才能更好地解决人生中可能出现的各种矛盾和问题。当前我国改革开放和现代化建设处于新的历史时期,当代大学生需要自觉抵制各种错误思想的侵蚀,牢固树立正确的人生观,实现自己的人生价值。

一、人生观的构成要素及其内在联系

人生观主要是通过人生目的、人生态度和人生价值三个方面体现出来的。人生目的,回答人为什么活着;人生态度,表明人应当怎样对待生活;人生价值,判断什么样的人生才有意义。这三个方面相互联系、相辅相成,有机统一为一个整体。

(一)人生目的

所谓人生目的,是指生活在一定历史条件下的人,对“人为什么活着”这一人生根本问题的认识和回答,是人在人生实践中关于自身行为的根本指向和人生追求。人类活动的一个基本特征是人的活动的目的性。在语义上,“目”是指眼睛或用眼睛“看”的意思,“的”是指箭

靶的中心,“目的”二字合起来的意思是瞄准靶子的中心,有的放矢,后来被引申为行为主体预计达到的行为结果。“人为什么活着”,这是人生观的一个首要和基本的问题。一个思维正常的人,每天都在从事着一系列有目的性的活动,而在这些日常具体目的性活动的背后,又往往存在着一个支配一生的总的根本性的目的,这种对具体行为目的起着指导和支配作用的总的目的,就是人生目的。人生目的作为人的一种思想和观念,除了具有相对于客观事物而言的主观性、自觉性和相对于外在行为的内隐性等一般特征以外,还具有不同于具体行为目的的一些特征,如人生目的形成过程的长期性、价值指向的稳定性、人生意义的根本性,等等。

人生目的关涉人生的根本问题,对人生的发展和价值的创造有着十分重要的意义。首先,人生目的决定了人生的根本方向。人生目的是人生一切活动的总目标,这一总目标对人生所从事的各种具体活动起着导向作用。其次,人生目的影响着人生的根本态度。没有明确的人生目的,人生态度也往往是消极退缩的。得过且过地混日子,心如死灰地熬年头,就是人生无目的的典型表现。有了明确的人生目的,就会有希望和期盼,就会有追求和奋斗。低俗的人生目的,由于受到患得患失的狭隘眼界和胸怀的制约,其人生态度往往摇摆于积极与消极、乐观与悲观之间,缺乏必要的稳定性和坚定性。而崇高的人生目的,其开阔的眼界和宽广的胸怀有利于稳定、积极、乐观的人生态度的形成。最后,人生目的从根本上决定了人生的意义和价值。不论是强调主体感受的人生意义,还是侧重于个人对他人和社会作用的人生价值,其实现的共同前提是明确的、高尚的人生目的。无目的、无追求,就不可能有任何意义和价值。人生目的的正确与否从根本上制约人生意义和价值实现的程度。

(二)人生态度

所谓人生态度,是指人们通过生活实践形成的对人生问题的一种稳定的心理倾向和基本意愿。讨论人生目的,是为了认识生活应有的意义，明确人生应追求的目标和方向；讨论人生态度，有助于思考人的一生应该有怎样的生活，从而知道应该如何正确对待生活。因为每个人的一生中，都难免会遇到义与利、荣与辱、善与恶、苦与乐、得与失、成与败、福与祸、生与死等人生矛盾，以正确的人生态度对待和处理这些问题，就可以正确地把握人生，取得成功。人生态度的形成既是一定社会环境影响的结果，也是一个复杂的心理过程，其中，认知、情感、意志三种心理要素起着主要作用。作为一种稳定的心理倾向和基本意愿，人生态度通过这三种心理要素表现出来，当这些相关要素和条件发生变化时，人们的人生态度往往也会随之发生改变。

人生态度体现着一个人所持有的主观能动性，是人生观的实践表现。一方面，人生态度是人生观的重要内容。一个人的人生态度，既受人生目的、人生价值的决定，又对人生目的、人生价值的实现有着重要而深远的影响。一个人有什么样的人生观就会有什么样的人生态度，当一个人对自己的人生观做出了某种明确的选择，实际上就在很大程度上决定了他将如何对待生活，决定了他在实践中将以怎样的方式处理各种人生问题。反过来，一个人对人生的态度如何，往往又制约着他对整个世界和人生的看法，从而对这个人的世界观、人生观产生重要的影响。另一方面，人生态度是人生观的表现和反映。人生在世，生活态度多种多样，有消极悲观，也有积极进取。一个人如果抱着浮生如梦、及时行乐、今朝有酒今朝醉的混世态度，其背后必然是低俗、庸碌和沉沦的人生观；一个人如果看破红尘，满眼只见烦恼、痛苦和荒谬，对待生活悲观愤懑、心灰意冷，其背后必然是消极悲观的人生观；一个人如果满怀希望和激情，热爱生活，珍视生命，面对生活勇敢坚强，其背后一定有正确的人生观作为精神支柱。由此可见，当代大学生应该充分发挥主动性和创造性，具有认真务实、乐观向上、自强不息、艰苦奋斗、锐意进取的人生态度。

（三）人生价值

所谓人生价值，是指人的生活实践对于社会和个人所具有的作用和意义。一个人选择什么样的人生目标，走什么样的人生道路，如何处理生命历程中个人与社会、现实与理想、付出与收获、身与心、生与死等一系列矛盾，总会有一定的标准。人生价值就是人们从价值角度考虑人生问题的依据。

人生价值是一种特殊的价值，它是从价值的一般含义中引申出来的。通常的理解，价值是和事物的有用性联系在一起的。某某东西有用，我们就说它有价值。比如矿石可以冶炼成金属，所以矿石是有价值的；泥土可以培育出粮食和其他植物，所以土地是有价值的；优美的诗歌可以丰富人的想象、启迪人的智慧、陶冶人的情操，所以诗歌是有价值的，等等。然而，事物的有用性总是相对于特定主体的需要而言的，离开主体的需要也就无价值可言。矿石的价值是相对于冶炼工人的需要而言的，泥土的价值是相对于农民种植的需要而言的，诗歌的价值是相对于欣赏者的需要而言的。对农民来说，品味再高的矿石也只是一堆没用的石头，毫无价值可言；对冶炼工人来说，再肥沃的土壤终究只能是一片无用的土地，也是没有价值的。可见，价值不是实体概念，也不是物体属性概念。它反映的是一种关系，即事物的有用性与人的一定需要的关系。具体说来，事物的有用性与人的需要相一致、相吻合，价值就产生；否则，就没有价值。孤立的事物无所谓有用性，仅仅有人的需要，都不会自行产生价值。人生价值和价值，反应的都是一定的客体和主体之间的关系。二者所不同的是，人生价值反映的不是物与人的关系，而是人与人之间的关系，是指作为客体的人对主体的人的需要的满足。人在自己的活动中不仅要与物发生关系，还要与他人和社会发生交往和联系。这种人与人的关系是互为主客体的关系。而人生价值就是指具有一定素质的作为客体的人，通过社会实践活动满足作为主体的人的需要的关系。

人生目的、人生态度和人生价值三者构成了完整的人生观概念。其中，人生目的是人生观的核心。有什么样的人生目的，就会有什么样的人生态度，就会追求什么样的人生价值。从根本上讲，人生观决定着人生目的、人生价值和人生态度。人生态度是人生目的和人生价值追求的现实体现。而人生价值对人生目的的选择和人生态度的形成也起到了至关重要的影响。

二、用科学高尚的人生观指引人生

由于人们在现实社会关系中地位不同，经济利益和政治立场不同，生活经历、人生境遇、认识水平不同，人们对人生的看法也不同。特别是在社会变革、利益关系调整和各种文化思潮碰撞激荡给人们思想观念带来深刻影响的社会条件下，人生观领域呈现出复杂多变、多元多样的状态。不同的人生观往往意味着不同的生活道路和生活方式，并赋予人生不同的意义。因此，在科学的理论和方法指导下，树立正确的人生观，摒弃错误的人生观，是同学们应该严肃对待的重大人生课题。

（一）树立为人民服务的人生观

尽管在人类历史长河中涌现过形形色色的人生观，但只有以为人民服务为核心内容的人生观，才是科学高尚的人生观，才值得同学们终生尊奉和践行。树立为人民服务的人生观不是盲目的空想，它有着科学的理论依据。

首先，为人民服务的人生观，建立在马克思主义关于人的本质的理论基础之上。马克思主义认为，人的社会属性决定了人只有在相互联合、相互配合、相互依存、相互服务的过程中，才能彼此相对独立地存在，才能形成一种推动社会发展的动力。这种以无数人类个体的奉献来推动人类社会发展的精神，就是我们伟大的人类精神。这种人类精神要求我们的人生观不能只限于满足个人的需要，否则，这个社会终将由于个人私欲的极度膨胀而走向灭亡。只有以奉献为前提，以利民、利他为行为特征的人生观，才能使得人类发展走上良性循环的道路。其次，为人民服务的人生观，建立在人民群众是历史创造者的原理之上。唯物辩证法科学地指出了世界是物质的，物质世界是变化发展的;物质资料的生产方式是人类社会存在和发展的基础,人民群众是推动人类社会前进的力量。说到底,为人民服务就是为人类的进步服务,它有着坚实的社会历史基础。再次,为人民服务的人生观,取决于无产阶级的阶级本质和历史使命。马克思主义认为,无产阶级只有解放全人类,才能最后解放自己,这就决定了无产阶级的人生观只能是以为人民服务为核心。而在马克思主义发展史上,从马克思和恩格斯提出的“为绝大多数人谋利益”,到列宁提出的“为千千万万劳动人民服务”,再到毛泽东精辟概括的“为人民服务”,反映了无产阶级人生观和道德观的形成、发展和完善的过程,也反映了无产阶级的阶级本质和历史使命。

(二)坚决抵制各种错误人生观

树立为人民服务的人生观,必须坚决抵制各种错误思想的影响。由于受到国内外各种错误思潮、腐朽观念的影响,现实中还存在拜金主义、享乐主义和极端个人主义等错误思想观念。当代大学生要认清这些错误思想观念的实质,警惕和自觉抵制它们的侵蚀。

反对拜金主义。拜金主义是一种认为金钱可以主宰一切,把追求金钱作为人生至高目的的观念。“一切向钱看”是拜金主义的基本特征。人类历史上,自有了金钱,就有了人类对金钱的追逐和崇拜。但拜金主义作为一种社会思潮将金钱看作人生活动的目的和全部意义,把金钱作为衡量人生价值的唯一标准则是伴随着资本主义发展而形成的。拜金主义的错误根源就是将金钱神秘化、神圣化,视金钱为圣物,以追逐和获取金钱作为人生的目的和生活的全部意义,金钱成为衡量人生价值的唯一标准。其错误并不仅在于夸大金钱的作用,而且在于混淆了人生手段和人生目的、人生意义的关系,把手段上升为目的;混淆了金钱不同的获得方式和使用目的在人生意义上的巨大差别,用金钱的正当获得和有益使用掩盖了金钱的不义甚至非法获得和有害使用。如果用拜金主义指导人生活动,这就造成人与人关系变得冷漠无情,人的尊严和情感将淹没在金钱的冰水之中。

反对享乐主义。享乐主义主张人生的唯一目的和全部内容就在于满足感官的需求和快乐的思想和理论。它是一种享受快乐的人生哲学。享乐主义的特征，是把享乐看作人生的第一要义，并把感官欢乐看作人生中最基本、最重要的快乐。享乐主义表达了对生命存在的一种肯定，这是无可厚非的。人们在辛苦劳作之后享受生活，这是正当的需求，也有利于经济社会的发展。但是，从对人生矛盾的认识和解决上看，享乐主义对苦与乐这对矛盾的认识显然存在着片面性。各种形式的享乐主义大讲对快乐的追求，却对客观存在的人生诸多痛苦避而不谈。事实上，痛苦是无法回避的，人对快乐的追求时时处处都受到痛苦的纠缠，不知道怎样战胜痛苦，就不可能有真正的快乐。享乐主义的错误在于，把享乐尤其是感官的享乐变成人生的唯一目的，作为一种"主义"去诠释人生的全部意义，则是对人的需要的一种偏激狭隘的理解，由此确立的人生目的是不正确的。

反对个人主义。个人主义是以个人发展为出发点和归宿的一种思想体系和道德原则，它主张个人本身就是目的，具有最高价值，社会和他人只是达到个人目的的手段。作为一种伦理道德观，个人主义就是自我中心主义或利己主义。在处理个人与社会、个人与他人的关系上，这种人生观认为，不论在什么场合、什么情况下，个人永远是目的，社会和他人是实现个人目的的手段。个人主义是生产资料私有制的产物，是资产阶级世界观的核心。在资产阶级革命的早期，在争取个人权利和自由、反对封建专制方面，个人主义具有一定的积极意义。但是从19世纪开始，一些敏锐的资产阶级思想家就已经意识到个人主义同时还具有销蚀社会的一面。其中极端个人主义就是一种表现形式。它突出强调以个人为中心，否认社会和他人的价值，甚至不惜采用损人利己的方式来追求自己的人生目标。极端个人主义在个人与他人、个人与社会的关系上表现为极端利己主义和狭隘功利主义。我们应该旗帜鲜明地反对极端个人主义。

上述种种错误的思想和观念，尽管在形式上五花八门，内容不尽一致,但它们都是与为人民服务的人生观相抵触的,并且有着共同的特征。其一,它们都表达了剥削阶级的人生观,反映的是狭隘的剥削阶级的腐朽观念。其二,它们都没有把握个人与社会的正确关系,忽视或否认社会性是人的存在和活动的本质属性。其三,它们对人的需要的理解是片面的,夸大了人生的某些需要,而无视人的全面性和人生的整体需要。因此,当代大学生应该顺应时代潮流,在科学理论的指导下,认清这些错误思想和腐朽观念的实质,选择并追求高尚的人生目的,在奉献社会和服务人民的人生实践中完善自我,谱写人生的美好篇章。

第二节 人生价值的创造与实现

人生价值从不同角度可以做出多样性的划分。在现实生活中,一个人的价值怎么去衡量,一个人的人生应该如何规划才能真正“有价值”,这涉及人生价值评判及其标准问题,更涉及人生价值的实现条件和社会基础。

一、人生价值的不同类型

正确对待人生价值,不仅需要正确认识人生价值的内涵和特征,还要正确认识和把握人生价值的不同类型。

(一)依据主体需求的划分

依据满足需求的主体不同,人生价值可以分为自我价值和社会价值。人生价值既有一般价值的属性,又有与一般价值概念相区别的特性。人生价值表示的也是一种客体关系,即客体满足主体需要这样一种特定关系。但是,人生价值所表示的主客体关系较为复杂。在人生价值关系中,价值的客体是人生,是一个人生命过程中的一系列活动;价值的主体是人,既可以指人类社会,也可以指群体或个人、他人和自己。从人生实践者的角度来看,主体的人主要指人类社会和人生实践者自身。那么,人生价值就是反映作为客体的个人的认识实践活动满足作为主体的社会与自身的需要这种社会价值。人生实践对社会需求的满足称为人生的社会价值,人生实践对自身需要的满足称为人生的自我价值,人生价值就是由这两个方面构成的。可见,自我价值是指人生实践活动对自身需要的满足。它主要包括两个方面的内容:一是个人对自己生命存在的肯定,这是自我价值产生和实现的基本条件;二是对自己人生能力(如智力、体力、创造力)的肯定,对自己生存权利和生活目的的接受和尊重,以及个人的自我完善。社会价值是指人生对社会需要的满足,表现为一个人对社会发展和人类进步事业所作的有益贡献。

人生价值是自我价值和社会价值的统一。首先,自我价值与社会价值是相互依存,缺一不可的。一方面,自我价值是社会价值的基础。人生的自我价值是个体生存和发展的必要条件,人生自我价值的实现是个体为社会创造更大价值的前提。另一方面,社会价值是自我价值的体现。社会价值是社会存在和发展的必然要求,社会价值的实现是个体自我完善、全面发展的保障。其次,自我价值与社会价值在人生价值中的关系并不是平行的,而是有主次的。根据马克思主义观点,在人与社会的关系上,社会是主导,个人离开社会无价值可言。从这个意义上讲,人生的价值首先在于个人对社会的贡献。没有社会价值,人生的自我价值就无法存在。

(二)依据价值客体的表现形式划分

依据价值的表现形式,人生价值又可以分为外在价值和内在价值、物质价值和精神价值、现有价值和应有价值。

人生的外在价值,即个体已经表现出来的、通过社会评价予以肯定的客观上、外在化的价值。人生的内在价值即个体在创造人生价值时所具备的德、智、体、能等尚未被开发的、潜在的人生价值。一个人的综合素质越高,其内在价值越大;综合素质越低,其内在价值越小。在相互关系上,人生的外在价值和内在价值是密切联系、不可分割的统一体。人生的内在价值是人生价值的准备状态,外在价值是人生价值的实现状态。人生价值的实现过程,实际上是不断把人生的内在价值转化为外在价值的过程。一个真正具有价值的人,应该是内在价值和外在价值的统一体。

人生的物质价值,即作为客体的个人,在其人生实践中满足主体(社会、国家、集体、他人和自身)物质需要的关系。人生的精神价值,即作为客体的人,在其人生实践中满足主体精神需要的关系。物质价值和精神价值二者之间互为条件、互为目的、相互依赖、相互促进。一方面,物质价值是创造精神价值的基础,为精神价值的创造提供物质条件和实践经验。另一方面,精神财富为物质价值的实现提供了强大的推动力和正确的方向。

人生的现有价值是人生现实存在的价值,是已经实现了的自我价值和社会价值、物质价值和精神价值,是已经得到认可的人生价值。人生的应有价值是人对实现自身价值和社会价值的一种理想设计,是应该有但还没有变成现实的人生价值。如果说,现有价值是人生价值追求的起点的话,那么,应有价值就是现有价值的发展和升华,是人生价值追求的目标。人生价值由现有机制向应有价值的发展过程,也就是人生不断追求理想,使之变成现实的过程。

二、人生价值的评价与衡量标准

人生的意义,需要从人生价值的角度进行审视和评价。人们只有找到了自己对生活意义的正确答案,才会自觉地朝着选定的目标努力,以全部的情感、意志、信念去创造有价值的人生。

(一)人生价值的评价

人生价值的评价是指人们依据一定的人生价值标准,通过社会舆论以及个人的内心活动,对他人或自己同社会的行为关系做出有无积极意义或意义大小的判断。人生价值评价的过程也是对人们进行道德教育的过程,是倡导和践行社会主义核心价值观、推动社会社会主义精神文明建设的过程。

人生评价是以对评价对象的一定认识为基础的，但评价活动不同于认识活动。认识活动是主体对认识对象的反映，作为认识活动主体的人，在认识活动过程中要力求排除主观意志、愿望、感情的干扰，以揭示认识对象的本来面目。而评价活动的主体不仅没有必要排除自己的意志和愿望，而且恰恰是从这一意愿和愿望出发的。评价主体的需要和利益是评价的基本依据，评价活动凸显了人的主体的地位和自由。我们常说，认识世界的目的是为了改造世界，而评价就是由认识到改造的必要环节。

人生评价的主体有个人、家庭、团体、阶级、民族、国家等不同的层次。日常的人生评价活动主要是由团体以上的评价主体承担的。评价主体的层次不同，评价的范围和影响程度、权威性、公认度也会不同。一般而言，评价主体的层次越高，表明评价对象的人生价值的公认度越大。比如市级劳模、省级劳模、全国劳模，反映的既是评价主体的不同，也是评价的范围、影响程度、公认度、权威性的不同。

人生价值评价需要注意一些问题，人生评价是对人生活动的评价，但一般不涉及某种具体活动，而是对一系列人生活动包括人的一生活动的总体评价。人生评价是对人生活动意义的评价，但一般并不局限于对某一方面的意义，如经济意义、政治意义、道德意义的评价，而是对全部社会意义的评价。人生评价也是对一个人的评价，但一般并不涉及对一个人的生理特征和心理素质的评价，也不局限于对其知识、水平、能力的评价，而主要是对其素质给社会带来的影响和作用的评价。此外，我们在进行人生评价时，不应该对被评价者求全责备。

（二）人生价值评价的标准

标准是衡量和评价事物的尺度或准绳。人生价值评价的标准就是对人生进行价值评价的尺度或准绳。

人生价值评价所依据的人生价值观和标准，历来都是具体的，而不是很抽象的，不仅有个人的差异，还有时代和阶级的差异。雷锋做好事不留名,有人说他傻,给予否定评价;有人说他高尚,给予肯定评价,这是人生价值观的个人差异。在奴隶社会,奴隶终生被当作会说话的工具,可以任意被奴役,自由买卖,这在当时是天经地义的;奴隶制被废除后,这就是不被允许的,这是人生价值观的时代差异。所以,如果看不到人生价值评价的标准是具体的,试图用抽象的标准来衡量和评价人生现象,难免会陷入困境。

在一定的社会里,人生价值评价的标准是一个体系,在这个体系当中总有一种标准占主导地位,起支配作用。之所以如此,是因为人生价值评价的标准归根到底反映着一定社会统治阶级的根本利益与需要。在价值多元化的社会里,如果我们看不到主导型的价值评价标准,同样难免陷入评价的困境。

一定社会的人,总是生存和活动于各种各样的社会关系当中,受到一定社会关系的制约。任何个体的人生意义都只能建立在一定的社会关系和社会条件基础之上,并在社会中才能得以实现。离开一定的社会基础,个人就不能作为人而存在,当然也无法创造人生价值。这表明,人的社会性决定了人生的社会价值是人生价值的主要方面。一个人的生活具有什么样的价值,从根本上说是由社会所规定的,而社会对于一个人的价值评判,也主要是以他对社会所作的贡献为标准。个体对社会和他人的生存和发展贡献越大,其人生的社会价值也就越大;反之,人生的社会价值就越小。

在马克思主义看来,人生价值评价的标准应归结为个人对社会的贡献。人生价值的根本尺度,是看一个人的人生活动是否符合社会发展的客观规律,是否通过实践促进了历史的进步。而社会评价一个人的人生价值的普遍标准,则是个体的劳动以及通过劳动个体对社会和他人所做出的贡献。一个人对社会和他人所作的贡献越大,他在社会中获得的人生价值的评价就越高。劳动和贡献的尺度作为社会评价人生价值的基础尺度,正是对人生价值评价根本尺度的一种具体化。

（三）人生价值评价的方法

比较客观、公正、准确地评价全社会成员人生价值的大小，除了要掌握科学的标准外，还需要掌握恰当的评价方法。

坚持能力有大小与贡献须尽力相统一。考察一个人的人生价值，要把个人对社会的贡献同他的能力以及与能力相对应的职责联系起来。任何人只要在自己的岗位上尽职尽责、兢兢业业，就应该对其人生价值给予积极肯定的评价。

坚持物质贡献与精神贡献相统一。评价人生的价值，应该承认人们对社会的物质贡献和精神贡献都是社会发展和进步的推动力量，既要看到一个人对社会做出的物质贡献，也要看到其对社会做出的精神贡献，同时还要充分肯定从事物质生产劳动的人同样可以对社会做出巨大的精神贡献。

坚持完善自我与贡献社会相统一。人生的社会价值是实现人生自我价值的基础，评价人生价值的大小主要应看一个人对社会所作的贡献。但这并不意味着要否定人生的自我价值。社会是人类创造并由其个体组成的，人的自我完善和全面发展、人生自我价值的实现将使个体为社会创造更大价值。

坚持动机与效果相统一。在人生价值的评价中，既要看动机又要看效果，联系动机看效果，透过效果察动机。评价一个人的社会价值，要在坚持动机与效果辩证统一的基础上，全面考察其具体的人生实践过程，注重其人生实践的最终结果。

三、人生价值实现的主客观条件

人生价值的实现是人们以自己的人生实践活动不断创造主客观世界，创造社会财富，满足社会和自身需要的过程。这种创造活动不是随心所欲的，它既受制于一定的社会历史条件，又取决于个人主观努力与奋斗的程度。因此，把握人生价值实现的条件和方法至关重要。

(一)人生价值实现的客观社会条件

人生价值实现的客观社会条件,具体来说主要包括社会经济、政治、文化等条件。这就要求实现人生价值要从这些社会客观条件出发。

经济条件。广义的社会经济条件包括生产力和生产关系。每一个历史时代的生产力发展水平对于当时的人们创造社会财富的活动具有决定性的意义。一般来说,生产力发展水平越高,人们实现人生价值的物质条件越好;反之,生产力发展水平很低,则会在一定程度上影响人生价值的实现。同样,每一历史时代的生产关系对人生价值的实现也有不可忽视的影响。这主要表现在,不同的生产关系给人们提供的生产活动和社会交往的条件不同,提供的需要和满足需要的方式也不同,正是这种不同的条件形成了人们不同的社会地位,因而也形成了人们不同的价值观念。因价值观念不同,人们创造价值的内容、类型、程度和方向也不相同。

政治条件。社会政治条件包括一定社会的政治制度、法律制度以及统治阶级的路线、方针、政策等。它对人的价值观念的形成和人生价值的实现方式有着直接的影响。政治法律制度一旦形成,就会成为一种客观的现实力量,在很大程度上规范和影响着人们的价值观念。

文化条件。文化是处于一定社会形态的人,直接或间接、自觉或自发地为适应和改变自己的生存环境而进行的精神生产的产物。其中,科学文化水平的高低是决定人的创造能力大小的重要因素之一。一般来说,社会整体的科学文化水平越高,人们的创造潜力就越容易发挥;相反,社会整体的科学文化水平越低,人们的创造潜力便不容易得以发挥。另外,舆论环境对人生价值观的实现也起着非常重要的作用。舆论环境对个体来说具有客观性,作为一种社会精神力量,健康的舆论环境会激励、鼓舞人们奋进和创新,不健康的舆论环境则腐蚀、涣散人们的斗志,阻碍人们的创新活动。

此外,人生价值的实现也要求人生价值目标与社会主义核心价值体系相一致。当前中国正处于社会主义初级阶段，社会主义核心价值体系是社会主义价值理念之集大成，在所有社会主义价值目标中处于统摄和支配地位，是中国特色社会主义的主导价值，体现了和谐社会建设所需要的文化认同和价值追求，是人们观察世界、判断事物的基本标准。我们要学会运用科学的世界观和方法论，正确认识社会发展规律，正确把握社会思想意识中的主流和支流，正确辨识社会现象中的是非、善恶、美丑，确立与社会主义核心价值体系相一致的人生价值目标。

（二）人生价值实现的主观个体条件

人生价值实现的主观个体条件，主要包括个体自身条件、个体的素质与能力、个体对待人生价值和意义的态度等。

实现人生价值要从个体自身条件出发。个体自身条件主要包括一个人的思想道德素质、科学文化素质、生理心理素质等方面的要素。每个人的自身条件都会与其他人有一定的差异，某一个具体的价值目标，对这个人来说是恰当的、比较容易实现的，而对另一个人来说却未必如此。因此，我们应当实事求是地根据自身的条件来确定自己的人生价值目标。

实现人生价值应不断提高自身素质和能力。人在自然天赋上有这样或那样的差异，在实现人生价值的过程中不可避免地要受到自身条件的限制，但这并不是说，人的主观努力不起作用。个人的主观努力，在相当大的程度上决定着其人生价值实现的程度。人的能力具有累积效应，能够通过学习、锻炼而得到强化。青年人的可塑性很强，当代大学生正处于增长知识才干的关键时期，可以通过各种方式和途径，全面提高自身的综合素质和能力，努力创造实现人生价值的良好条件。

实现人生价值应立足现实，坚守岗位。人生价值终究要通过自己所从事的职业展现出来。人生价值，尤其是人生的道德价值的实现就是在尽职尽责、奋发努力的过程中得以完成的。此外，实现人生价值要有自强不息的精神。畏惧劳苦,贪图安逸,坐享其成,最终只能虚度年华、抱憾终生。只要人生价值目标符合社会总目标,即使自身条件有所欠缺,也要尽心尽力,一往无前。只要始终保持自强不息的精神状态,人生终会有价值的。

四、在实践中创造有价值的人生

美好的人生价值目标要靠社会实践才能转化为现实。人生价值目标的实现是一个实践的过程,人生价值的评价就是对实践及其成果的评价。人生之所以有价值,是因为人能够自觉地、有意识地认识和改造客观世界和主观世界,创造物质财富和精神财富,通过创造性的社会实践把人生提升到一个更高的境界。因此,在人生价值目标实现过程中,需要关注“实践”和“创造”两个关键词。

实践是人生价值真正的源头活水,是实现人生价值的必由之路。生活和生产的实践是一切真知的源泉,实际的应用是一切知识的目的,应用的成效是检验一切认识或知识的真理性和价值的标准。注重实践、面向实践、投身实践,在实践中学习和思考,才能把知识学活,才能使书本上的、他人的知识真正成为自己的知识。当然,对实际或实践不能做狭隘的、短浅的、功利化的理解,不能把注重实际理解为实用主义的立竿见影,不能把理论和实践相结合理解为理论知识的世俗化、功利化。因为知识不仅是改造自然、生产和创造物质财富的力量,也是改造人自身,提升人的素质、修养、境界和价值的力量。无论是学习还是实践,都是逐步探索、逐步积累的过程。企图急功近利、一蹴而就,往往欲速而不达。短期行为当然很难取得真正的成功,更谈不上真正实现人生的价值。因此,大学生在实践中实现人生价值既需要经验和知识的积累,需要解放思想、培养创新意识,也需要脚踏实地、日积月累、持之以恒的态度和作风。

创造,有广义和狭义两种不同的含义。从广义方面看,一切劳动都是创造。从狭义方面看,创造是相对于一般意义上的劳动而言的。

创造即创新，是推陈出新、从平常到神奇的发明或发现，它是在劳动的过程中萌发和发展起来的。平时，人们所说的“创造”多是狭义的。创造源于一般劳动，又优于一般劳动。由于它在更高层次上体现了人的自觉能动性和个体多样性与丰富性，因而更能集中、鲜明地体现人性和人的本质。创造力是人类摆脱自然力束缚，从必然走向自由的主要手段。人类借助它不仅使自己摆脱了机械的条件反射，而且从习以为常的惯性过程中解放出来。不仅如此，创造活动还不断地开拓人的视野和活动的范围，因此不断地丰富人性并发展人自身。大学生是青年中的佼佼者，是最有希望、最有前途、最能代表青年的创造性的人群。因此，大学生应该把劳动和创造看作是实现人生价值的基本途径。

对于大学生而言，在人生实践中创造有价值的人生还具有一定的特殊要求。其一，走与人民群众相结合的道路。人民群众是历史的创造者，是国家的主人。大学生要在为人民服务、实现人民群众利益过程中实现人生价值。只有走与人民群众相结合的道路，向人民群众学习，从人民群众中吸取营养，做中国最广大人民群众利益的维护者，才能使自己的人生大有作为。其二，走与社会实践相结合的道路。古往今来，凡成大事者，无不经过社会实践的历练和艰苦环境的考验。在当代中国，最重要的社会实践，就是全面建成小康社会、加快推进社会主义现代化、实现中华民族伟大复兴的社会实践。对大学生来说，基层一线是了解国情、增长本领的最好课堂，是磨炼意志、汲取力量的火热熔炉，是施展才华、开拓创业的广阔天地。同学们要坚持理论联系实际，积极投身社会实践，在基层历练品质、锻炼作风、发现运用真知、解决实际问题，不断提高实践能力和创新创业能力，努力实现自我人生价值的最大化。

第三节 人生环境的认识与对待

创造有价值的人生,离不开一定的社会环境。一个人的人生价值目标能否得以实现以及实现的程度如何,与能否正确认识与对待人生环境密切相关。所谓人生环境,就是人们的社会实践活动所赖以展开的各种关系的总和。科学对待人生环境,主要就是要促进自我身心的和谐,个人与他人、社会的和谐,个人与自然的和谐。

一、正确认识身心环境与健康

每个人都有“身”与“心”两个基本方面。“身”指人体的生理组织以及身体的技能;“心”指人的身体或称精神活动,通常用知情意来概括。处理好身心关系不仅是哲学、心理学、医学、教育学等学科关注的问题,也是人们在生活实践中经常遇到的问题。一般来说,身是心的物质基础,心为身的精神技能,身与心二者相互作用,作为有机统一体对人的生活实践产生影响。一个健康的人,不仅要有健康的身体,还要有良好的心理,即所谓“身心健康”。对个体而言,处理好身心关系以及身心与外部环境的关系,是个体保持身心健康的关键环节。一个人自觉地调试心理,保持心理健康,能够为人生价值的实现创造良好的自我环境。

(一)健康与心理健康

健康包括身体健康和心理健康两个方面,相辅相成,缺一不可。关于健康的认识却经历了一个不断发展的过程。过去人们一般认为,人的健康属于卫生保健范围,是医学科学过问的事儿。在相当长的时期里,“没有病痛和不适,就是健康”。传统观念所说的生病,往往较多地从生物学、物理学、化学、营养学等角度找问题。这种“无病即健康”的观念一直被许多人所认同,并且影响到医疗保健和卫生政策。然而,随着科学文化和社会不断发展,人们开始发现,不良的心理因素和社会因素,如长期的忧虑、悲伤,巨大的精神创伤,过于紧张的生活节奏等,会诱发某些疾病。特别是一系列精神方面的疾病给人们带来极大的痛苦,对人类生存和发展造成严重危害,导致人们对于“健康”的概念从“生物医学模式”逐渐向“生物学、心理学、社会学模式”转变,出现了将躯体、精神和社会统一起来的健康观。基于这种认识,联合国世界卫生组织1948年成立时,在其宪章中开宗明义地指出:“健康乃是一种生理、心理和社会适应都臻完满的状态,而不仅仅是没有疾病和虚弱的状态。”该定义对“健康”赋予新的内涵,这意味着衡量一个人是否健康,必须从生理、心理、社会适应与行为等因素分析,不仅要看身体有没有器质性或功能性异常,还要看心理有没有主观不适感,有没有社会公认的不健康行为。严格地说,没有一种病是纯粹身体方面的,也没有一种病是纯粹心理方面的。因此,我们在考虑自身的健康时,要注意身心两个方面的情况。

一般意义而言,心理健康标志着人的心理适应能力和发展水平,即人在内部和外部环境变化时,能持久地保持正常的心理状态,是诸多心理因素在良好状态下运作的综合体现。

事实上,尽管国内外关于心理健康的定义琳琅满目,但我们仍然能够从中找出它们的若干共同点。其一,基本上都承认心理健康是一种心理状态;其二,大都视心理健康为一种内外协调统一的良好状态;其三,都把适应(尤其是社会适应)良好看作心理健康的重要表现或重要特征;其四,都强调心理健康是一种具有积极向上发展的心理状态。基于这些共同点,我们可以对已有的心理健康定义进行整合并重新做出这样界定:心理健康,是指个体在与各种环境的相互作用中,在内外条件许可范围内,主体能不断调整自身心理结构,自觉保持心理上、社会上的正常或良好适应的一种持续而积极的心理功能状态。

(二)大学生的心理特征

心理健康对大学生成长有着重要的影响,健康的心理是大学生接受教育以及学习科学文化知识的前提,是大学期间正常学习、交往、生活、发展的基本保证。一个人的心理健康对其成长和发展,乃至生活和事业都具有重要的影响。

自我意识逐步增强大发展不成熟。大学生自我意识增强,表现在他们迫切要求深入了解自己和发展自己,自我评价能力以及自我教育能力增强等方面。但是,大学生由于社会生活的知识、能力和经验的不足,他们中的相当一部分人还不善于正确对待自身完善与社会发展需要的关系,往往对自己估价过高,一旦遇到自己无力解决的困难或遭到某种挫折时,便容易产生对现实不满的过激行为或强烈的自卑感,甚至导致行为失控,做出不理智的事情。

情感、情绪日益丰富,但波动较大。大学生充满青春活力,他们极度关注自我的成长,对周围环境的变化、学业的好坏、他人的评价、与他人的关系、社会要求与自身状况的差距等非常敏感。他们热爱社会,富有理想,关心国家的前途和命运,对实现现代化、振兴中华充满了希望和激情。爱情的出现也是大学生情感世界的一个突变,对其心理发生着巨大的影响。但是,大学生控制和调解情绪的能力比较弱,容易产生较大的波动,表现为两极性:既可能在短时间内从高度的振奋变得十分消沉,又可能从冷漠突然转变为狂热。这种情况使一些大学生陷入理智与情感的矛盾和冲突之中,十分苦恼。

容易接受新的事物,但相对缺乏辨别真伪的能力。大学生喜欢求新、求异、求变,对社会、校园中出现的新鲜事物和新理论、新观点表现出浓厚的兴趣。但因为自身条件的限制,辨别真伪的能力有限。

抽象思维迅速发展,但思维易带有主观片面性。抽象思维以抽象性、间接性为特点,与形象思维相对,即通常所说的逻辑思维。大学生由于知识的增加,受到的思维训练越来越复杂。因此,抽象思维的能力获得了迅速发展,并逐渐在思维活动中占据主导地位。但是,他们的抽象思维水平并未达到真正成熟的程度,主要变现在思维品质发展不平衡,思维的广阔性、深刻性和敏感性发展较慢,常常把社会问题看得过于简单,以至于陷入主观、片面的境地。

意志水平明显提高，但不平衡、不稳定。大多数大学生已经能够逐步自觉地确定自己的奋斗目标，根据目标制订实施计划，排除内外障碍和困难，去努力实现奋斗目标，意志的自觉性、坚韧性、自制性和果断性都有了较大的发展。但出于意志形成时期的大学生，意志水平发展又是不平衡、不稳定的。意志的自觉性和坚韧品质已达到较高水平，但意志的果断性和自制性品质的发展却相对缓慢。在不同活动中，大学生的意志水平的表现也不一样。情绪波动对他们意志水平的影响是比较明显的。

以上大学生心理特点及其所处环境的变化决定了大学生经常处在心理矛盾之中。大学生常见的心理矛盾主要有独立性与依赖性的矛盾、理想性与现实性的矛盾、交往性与封闭性的矛盾、情绪性与理智性的矛盾、异性间吸引与隔离的冲突等。与此同时，大学生的来自社会、学校和家庭的各种压力也会对其心理健康产生直接影响。因此，为了维护心理健康，大学生应该了解并掌握心理调适的途径和方法，不断调整自身的心理状态，积极适应社会的变化，勇敢地迎接挑战。

（三）自觉调适心理，保持心理健康

树立正确的世界观、人生观、价值观。正确的世界观、人生观、价值观，能够使大学生正确认识社会发展规律，认识国家的前途命运，认识自己的社会责任，从而为大学生的人生提供导向，也为其心理活动提供定位系统，为培养良好的心理素质奠定基础。同时，正确的世界观、人生观、价值观也直接为大学生提供思想和行为的价值标准、程式、规范，能够使大学生在困难的时候看到成绩、看到光明，变逆境为顺境，化阻力为动力。因此，正确的世界观、人生观、价值观有助于大学生坚定自信心，产生悦纳自我的价值情感体验，在积极进取中锻炼自己的意志品质，获得承受挫折和适应环境的能力，从而提高心理素质，保持心理健康。

掌握应对心理问题的科学方法。首先要掌握科学的思维方法。这样当面对众多困难和挫折时，才能分清轻重缓急、先后主次，抓住主

要矛盾及矛盾的主要方面，各个击破，而不至于焦虑彷徨、手足无措。其次要学习心理健康知识，提高心理健康意识，自觉维护自身的身心健康。实践证明，系统学习心理健康知识，能够更有效地进行自我心理调节与保健。当然，对于心理障碍较为严重甚至出现心理疾病的同学来说，不能讳疾忌医，应该及时进行心理治疗。

合理调控情绪。兴奋、愉悦等情绪有助于提高人们学习和工作的效率和生活的质量，而不满、抱怨、悲伤等情绪则容易使人消沉，降低学习和工作效率。长期处于抑郁情绪之中还会消磨人的意志，甚至降低人的免疫力，影响身心健康。因此，大学生应该在产生心理困惑时，首先能清楚自己的情绪状态，对不良的情绪和生活中的烦恼及时、合理地宣泄或者转移，积极进行自我心理调适。

积极参加集体社会交往活动。集体活动可以锻炼大学生的组织、表达、创造和交际能力，大学生可以通过集体活动增进同学之间的相互了解和理解，并在此基础上获得友情。健康的人际交往有利于交往各方的学习进步、个性完善和情绪稳定。同时，健康的人际关系也可以使同学们获得社会支持，当遇到个人一时解决不了的心理问题时，可以及时向他人求助。此外，积极参加体育锻炼，保持身体健康，也是促进心理健康的重要途径。

二、正确认识人际环境与交往

每个人在社会生活中都要与他人打交道，处理个人与社会、个人与他人的关系，形成各种各样的社会关系。找准个人在社会中的定位，明确个人在他人关系中的定位，促进个人与他人的和谐，能为人生价值的实现创造良好的社会环境和人际环境。

（一）交往与人际交往

人类社会不管其形式如何，都是人们交互作用的产物。人与人之间、人与群体之间的交互作用和交互影响，产生了社会。人们以生产相互的交往为主干，展开丰富多彩的社会交往活动。马克思主义认为,交往的动力归根到底来自于人们的需要。需要是人的本性,没有需要就没有生产,就没有相关的各种交往。人的需要推动着人们不断从事新的生产活动,调整社会关系和人际关系。在现实生活中,交往从某种意义上推动了历史的发展,而人际交往就是其中一个重要的组成部分。

人际交往是指人与人之间通过一定方式进行接触,从而在心理和行为上发生相互影响的过程。通过人际交往形成的人与人之间的关系,就是人际关系。人际交往是个人进入社会关系体系的基本条件,是个体与个体之间、个体与共同体之间通过交往活动,从而实现物质、情感、信息交换的相互作用的过程。人们通过交往去表现人际关系,实现人际关系,同时也表现社会关系,实现社会关系。从这个意义上说,人际交往也是人际关系的动态表现,是建立和实现人际关系的手段和途径,是人际关系存在的方式。健康的人际交往对个体和社会具有积极的意义和作用。

健康人际交往可以交流信息,相互促进。人际交往是信息沟通的最基本形式。从信息论的角度看,人际交往的过程也就是信息交流、信息增值的过程。尤其是在现代社会中,每一个人都是一个信息源,交往越广泛,信息来源就越多,内容就越丰富。社会交往比书本上直接获得信息具有内容更广泛、渠道更直接、速度更快捷等特点。因此,一个善于学习的人,要善于利用各种人际关系,通过交往获得自己需要的各种信息,丰富自己的信息量。

健康人际交往可以沟通情感,保持健康。人们在学习、工作和生活中产生某些苦恼、忧虑、恐惧等都是常见的,通过人际交往,对亲人、朋友或者他人诉说这些不快之事,得到他们的同情、开导以及帮助,可以调节情绪,保持心理和生理健康。心理学和社会学的大量实验和调查表明,在生活中善于交际,拥有许多朋友的人,往往也是积极乐观,充实有活力的人。

健康人际交往可以协调行为,有益社会。交往是人类在改造自然过程中相互协作的产物。在大自然面前个人的力量是微不足道的,而集体的力量则是无穷的,正是通过广泛的社会交往,才能结成强有力的集体,共同征服自然、改造自然。同时,人和人之间关系的协调是建立在双方感情的融洽和彼此的相互体谅上的。要做到这一点,就要增加人际交往。如果没有正常的人际交往,就不能协调人们相互之间的行为,也不能满足人们物质生活和精神生活的需要,更不能很好地改造自然和社会,实现人类崇高的目标。

(二)促进人际关系和谐应遵循的原则和方法

人际交往能力是现代人才的重要素质,是衡量一个人能否适应社会的重要标志。培养人际交往能力最重要的途径是要认识、理解和遵守交往的原则,正确使用交往的方法。人际交往的原则,指的是人们在交往过程中应遵守的基本规则和要求。要建立良好的人际关系,必须遵守相关的交往原则。

平等原则。交往必须平等,平等才能深交,这是人际交往的第一原则。平等相待,是每一个社会成员的基本需要。即使在管理与被管理的关系中,每个人都有爱和被尊重的需要。无论是青年还是老年,都希望别人能够平等地对待自己,而交往双方只有持平等的态度,才能做到相互尊重。一个人如果感觉交往对象对自己不尊重,那么他就会因为自己的人格和价值没有得到对方的承认而感到委屈,从而转移或减少与对方的交往需要。相互尊重给人心理以强化作用,可以激发和增强交往双方的主观需要,增进相互理解。要做到平等待人、相互尊重,应特别注意纠正和克服“自我中心主义”。以自我为中心,最终必然会导致交往的失败。

互利原则。所谓互利,简言之就是交往双方各得其利。互利,既指物质利益上的互偿,也指精神需要上的互补。在社会交往中坚持互利原则,并不意味着提倡利己主义,更不意味着反对奉献精神。互利,作为“双方各得其利”的交往原则,不能理解为双方均得各自利益。

诚信原则。它包含两层意思:一是交往双方说真话而不说假话;

二是交往双方遵守并实现诺言。在日常生活中,我们说某一个人靠得住或某一单位讲信用,说的就是上述两方面的意思。人离不开交往,交往离不开诚信。不讲诚信,既给别人造成损失,也给自己造成损失,还会影响交往的持续、深入进行。遵循诚信原则,最重要的是要信任交往对象。这种信任是建立在一方对另一方全面而又充分了解的基础上的。人们的肺腑之言之所以不暴露给一般的人,而倾诉给交往密切的人,就是因为交往亲密者之间有比较全面和深刻的了解和信任。每个人在交往过程中都应该取信于交往对象,同时也要信任对方,这样才能被对方信任。而要取信于对方,就必须做到诚实。古人说,以诚感人者,人亦以诚而应。诚实是取信于人的首要条件,一个好说假话、好吹牛皮的人是不可能取得别人信任的。守信也是取信于人的一个重要条件,常言道"人无信不立"。而要守信,基本要求就要保持言行一致,言必信,行必果。当然,对诚信原则的运用也要有正确的理解。不可将"善意的谎言",保守国家秘密、商业机密和个人隐私等看成是失之于诚信的不道德行为。

宽容原则。金无足赤,人无完人。由于每个人在出身、经历、文化修养、价值观等方面存在着差异,所以在人际交往中发生一些分析和矛盾,甚至过错是难免的。在交往中如果对非原则性问题斤斤计较,势必影响彼此间的感情,宽容是解决这些分歧和矛盾最有效的途径。宽容是一个人胸襟开阔、与人为善的表现。宽容不仅有助于扩大交往空间,消除人际的紧张和矛盾,而且对自己的心理健康也是有益的。当然,宽容也是有条件的。小事可宽容,原则性问题则不能让步。就对象而言,对那些有自知之明、能够反省自律、偶尔有过失的人,应该尽可能宽容;而对那些缺乏自知之明、不尊重别人的人,则不能原谅。同时要注意,宽容只是表明对对方已经犯的错误不予追究,并不是说对对方的过错不要采取鲜明的态度。

在上述人际交往原则的指导下,人际交往还应该采用如下方法。

加强道德修养。这是成功交往的根本方法。在人际交往中,道德品质总会给对方留下鲜明、深刻的印象,对以后的交往起到了心理定式的作用。如果给人留下诚恳的印象,交往就有了基础,人际关系就能发展;相反,如果留下虚伪、冷漠的印象,交往就难以继续。

培养成功交往的心理品质。成功交往的心理品质包括真诚互助、热情自信、谦虚谨慎、理解宽容等。具备良好的心理品质,能增加人际吸引力。在良好的人际交往中,理解是基础,交往的双方能把自己置于对方的位置去认识、体验和思考时,就会设身处地地替别人着想,就能准确地理解别人的感情和行为,从而改善对人的态度。这种心理互换是培养交往能力的重要方法。

创造和谐的交往气氛。日常生活中,任何人都不愿意在别人的强迫下改变自己的观点。有些大学生常因一些小事而争得面红耳赤,结果不欢而散,伤害了彼此感情。其实,和善比愤怒更加有力,要想说服别人,应该创造和善的交往气氛,充分尊重对方的意见和观点,让别人在心平气和中接受你的观点。要创造和善的交往气氛,在人际交往中有时应该适当地称赞对方。当然,对别人的赞誉,也应当实事求是,也不应言过其实。

讲究交往的行为规则。正确的人际交往应该具有四个方面的规定性。一是向度规定,即明确同哪些人交往、交往的目的是什么;二是广度规定,指交往的范围,包括交往对象人数的多少、交往范围的大小等;三是深度规定,即交往的程度,相互交往的情感状态、人际关系的层次类型等;四是适度规定,指交往活动与其他社会活动的关系,如学习、工作、生活等的安排要适度,处理好与不同交往对象之间的关系。在运用这四个方面的规则时,同学们还应当讲究理解性行为,使用得当,从而增强交往的吸引力。

正确运用语言技巧。语言是社会交往的工具,在交往中起重要作用。从一定意义上说,交谈方式和谈话技巧直接影响着谈话的效果和情意沟通。一般来说,交谈要态度诚恳,富有感情,让人感到亲切;要正确运用语言,学会用清楚准确、简练生动的语言表达自己的思想,养成对人用敬语、对自己用谦语的习惯;要注意谈话的场合和对象;要学会聆听,耐心虚心倾听对方的讲话,对他人的意见要尽量尊重;要多用协商的口吻交流,切忌使用命令式语言,同时要有幽默感,注意讲话时的语气表情,掌握好节奏。

当然,人际交往的原则和方法贵在把握与运用,只有在积极参与交往的实际锻炼中才能逐步培养和提高人际交往能力,形成和谐的人际关系。

三、正确认识生态环境与和谐

在漫长的物种进化过程中,人从自然界脱颖而出,成为当之无愧的万物之灵。但是无论人如何进化,都改变不了这样一个事实:人来源于自然界又依存于自然界,人永远是自然界的有机组成部分。因此,青年人在认识个人与自然关系时应该采取尊重自然的态度,实现人与自然的和谐相处。

正确认识人对自然的依存关系。人来源于自然界又依存于自然界,人永远是自然界的有机组成部分。物质资料的生产和再生产以及人自身的生产和再生产,都是以自然界的存在和发展为前提条件的,没有自然界就没有人本身。

科学把握人对自然的改造活动。人与其他自然存在物不同,人是有意识、有意志、能动的自然存在物,人并不是消极地依赖自然界生活,而是根据自身的需要利用和改造着自然,人类本身也在对自然的改造活动中不断发展自己。在促进经济发展的同时保护好人类赖以生存的自然环境,是人类持续、健康发展的重要条件。

深入理解人与自然的关系。人与自然的关系以生产劳动为中介,而生产劳动一开始就具有社会性,人类正是在与自然发生关系的过程中结成了社会关系,人与自然的关系反映了人与人的关系。因此,人与自然关系的协调,最终取决于人与人关系的协调。脱离人与人的社会关系,就不能从根本上认识和解决当今世界出现的尖锐的环境和资源问题。

建设人与自然和谐相处的生态文明。生态文明是人类在社会发展过程中保护和改善生态环境形成的文明成果,它表现为人与自然和谐程度的进步。我们全面建成小康社会,努力实现社会主义现代化,一定要贯彻落实科学发展观,牢固树立生态文明观念,统筹人与自然和谐发展,大力发展绿色经济,积极发展低碳经济和循环经济,努力形成节约能源资源和保护生态环境的产业结构、增长方式、消费模式,坚持走生产发展、生活富裕、生态良好的文明发展道路。

总之,科学发展与社会和谐是内在统一的。个体的身心健康与和谐,人与人、人与社会之间的融洽相处,人与自然之间友好共生,都是大学生把握人生环境,实现人生价值过程的参照标准。我们要大力践行和谐理念,用和谐的思想认识人生环境,用和谐的态度对待人生实践,使崇尚和谐、维护和谐内化为自己的思想意识和行为习惯,为建设和谐文化贡献自己的聪明才智,在构建社会主义和谐社会的实践中创造自己的人生价值。

阅读书目

1. 钱穆:《人生十论》,生活·读书·新知三联书店 2009 年版。

2. 李德顺:《价值论——一种主体性的研究》,中国人民大学出版社 1987 年版。

3. 爱因斯坦:《社会和个人》《我的世界观》,《爱因斯坦文集》第 3 卷,商务印书馆 2010 年版。

学习思考

1. 在当今社会生活条件下，许多人十分讲求“实际”，思考人生目的、人生意义这样的“大问题”有意义吗？为什么？

2. 人生观都有哪些要素构成？这些要素之间又是怎样的关系？

3. 怎样理解人生的自我价值与社会价值的关系？为什么说青年大学生的人生价值目标要与社会主义核心价值体系相一致？

4. 如何理解身心健康？当代青年如何在高速发展的社会节奏中协调自我身心关系？

第四章　加强道德修养　遵守社会公德

水火有气而无生，草木有生而无知，禽兽有知而无义，人有气、有生、有知亦且有义，故最为天下贵也。

——荀　子

一个知识不健全的人可以用道德去弥补，而一个道德不健全的人却难于用知识去弥补。

——但　丁

道德划了个圆圈，人们在圈内可以安全地追求各自的目的而不会相互损害。

——弗兰克·梯利

凡是公民，谁都不能逃避责任。

——马克·吐温

《礼记·大学》开篇就曾指出"大学之道，在明明德"，可见形成道德观念、培养道德修养在"大学"中的重要性。虽然今天所说的大学已经不是《礼记》中的"大学"，但"大学者，大人之学"则早已凝聚为人们的共识。高等教育时期是人们道德意识的形成和发展的重要阶段，在这一时期形成的思想道德观念对人们的一生有着至关重要的影响。成人大学生应学习相关道德理论，继承和弘扬中华民族优良道德传统，全面把握社会主义道德建设的核心、原则和规范体系，自觉遵守社会公德，养成良好的文明行为习惯，在道德实践中锤炼良好的道德品质。

道德是人类社会特有的精神现象,也是人类社会最基本的行为规范之一。早在原始社会,伴随着人类的诞生和繁衍,伴随着人与人、人与社会之间相互关系的产生,道德就以图腾、禁忌、风俗、礼仪、准则等形式相伴而来,并逐渐演变为处理个人与他人、个人与社会之间关系的行为规范及实现自我完善的一种重要的精神力量,在人类社会中发挥着调节社会关系、反映社会现实、评价社会行为、塑造健康人格等基本功能。也正因如此,道德的力量成为国家发展、社会和谐、人民幸福的一个重要因素,古今中外概莫能外。

第一节 继承和弘扬中华民族优良道德传统

道德不是亘古不变的,同其他社会意识形态一样,道德也有自己的发生发展过程。人类道德的发展具有其内在的规律性,是在继承和弘扬优良道德传统的基础上不断发展和进步的。中华民族的优良道德传统是我们今天加强社会主义道德建设的基础,也是人生成长的必修课。

一、继承和弘扬中华民族优良道德传统的意义

中华民族有着五千多年的文明史,中华传统文化历经积淀,蕴含着丰富的道德资源,这些资源在行为方式、风俗习惯、价值观念和文化心理等方面影响了一代代中华儿女,形成了独特的具有浓厚伦理色彩的中华文化,造就了以崇尚道德著称的“礼仪之邦”。中国传统道德是中国历史上不同时代人们在探讨生活的价值目标、行为准则、从善方式、人格完善过程中形成的合理的道德思想和道德智慧,是中国古代先哲们对中华民族道德实践经验的总结、提炼和概括,是世界上最有凝聚力和向心力的民族瑰宝,是中华民族的“根”与“魂”。今天继承和弘扬中华民族优良道德传统,具有重大的现实意义。

继承和弘扬中华民族优良道德传统是社会主义现代化建设的客

观需要。世界各国都有各自的历史和文化道德传统，这是它们在实现现代化的过程中能否保持自己特色、走出自己道路的重要基础。我国的现代化建设遵循的是经济建设、政治建设、文化建设、社会建设和生态文明建设“五位一体”的总体布局，这其中，文化建设是一个不可或缺的重要组成部分，尤其是在强调“文化强国”“文化软实力”的今天，继承和弘扬中华民族的优良道德传统，将为我国社会主义现代化建设和中华民族的伟大复兴提供强大的精神动力；反之，中国的现代化进程就会失去历史的基础而难以更好地推进。

继承和弘扬中华民族优良道德传统是加强社会主义道德建设的内在要求。知识经济和越来越发达的科技文明正以其强大的冲击力影响着现代人的生活，改变着人们的生存空间和生活方式。在市场经济条件下，我们创造了丰富的物质财富，却忽视了人的精神世界，忽视了人的最基本的情感需要，即道德关怀。继承和弘扬中华民族的优良道德传统，不仅能使人走出一味追求物质享受的误区，而且能使人们摆脱精神上的无知和匮乏，促进人们身心健康，建立和谐的人际关系，走出当前道德的困境；对于一个民族来说，对优良道德传统的继承和弘扬，还有助于提高民族自尊心和民族自信心，增强民族自豪感和民族责任感，从而充分发挥中华文化尤其是儒家文化在未来世界多元文化中的重要作用。

继承和弘扬中华民族优良道德传统是个人健康成长的重要条件。人总是需要精神力量支撑的，总是在一定的道德环境中成长的。中华民族的优良道德传统像一块永不磨蚀的“胎记”，烙在每一个中国人的心中，是中华民族身份认同的重要标志。继承和弘扬中华民族优良道德传统，能够为我们的价值判断和价值选择提供准则和标准，有利于提高我们的道德修养、丰富我们的精神世界、完善我们的人格和道德品质，帮助我们真正成为一个全面发展的人，为我们的健康成长成才提供推进力量。

二、中华民族优良道德传统的主要内容

中华民族在长达数千年的历史发展中,汇聚了极其丰富的道德文化遗产,它以儒家伦理道德为主要内容并包含道家、墨家、法家等古代思想家对中华民族道德实践经验的总结、提炼和概括,它是中国古代道德文明的精华,是中国各民族共存共荣的凝聚剂,也是中华民族精神的集中体现。它源远流长,博大精深,内容丰富。

注重国家和民族的整体利益,强调对社会、民族、国家的责任意识和奉献精神。中国传统道德的核心及其一贯思想,就是强调为社会、为民族、为国家、为人民的整体思想意识。在两千多年前成书的《诗经》中,就已经提出“夙夜在公”的道德要求,即从早到晚,勤于公务,为公务而操劳,视公共利益为最高价值。《尚书·周官》更是明确提出“以公灭私,民其允怀”的要求,即号召百官以公平之心除去私欲,这样就可以得到老百姓的信任而归附。西汉初年的政治思想家贾谊在《治安策》中提出“国而忘家,公而忘私”,强调国家、民族的利益,强调一种为整体而尽忠、献身的精神。南北朝时期的范晔在《后汉书》中旗帜鲜明地把“克己奉公”作为道德最高准则;宋代的范仲淹提出要“先天下之忧而忧,后天下之乐而乐”;文天祥认为“人生自古谁无死,留去丹心照汗青”;清代思想家顾炎武提出“天下兴亡,匹夫有责”。所有这些,都是强调整体意识,强调为国家、为民族、为整体献身的精神。正是从国家利益和整体利益这一原则出发,在个人与他人、群体、社会的关系上,我国传统伦理认为在“义”和“利”,即道德原则和个人私利发生矛盾时,应当“以义为上”“先义后利”,反对“重利轻义”和“见利忘义”。

推崇“仁爱”原则,追求人际和谐。中国传统道德强调以人为本,强调“爱人”的人本主义精神,尊重人的尊严和价值,注重人际的亲爱、和平与和谐,主张“仁者爱人”“推己及人”。孔子在其以“仁”为核心的伦理体系中,把“仁”同“爱人”联系起来,即对人施爱心,尽可能地帮助别人,使别人成长发展,得到好处,“己欲立而立人,己欲达而达人”(《论语·雍也》)就是其集中体现。孟子继承和发展了仁爱思想,提出

“亲亲而仁民，仁民而爱物”(《孟子·尽心章句上》)。儒家的“仁爱”思想也由内而外、由近及远。墨子则明确提出“兼爱”，主张“天下之人皆相爱，强不执弱，众不劫寡，富不侮贫，贵不傲贱，诈不欺愚”(《墨子·兼爱中》)，要“视人之国若视其国，视人之家若视其家，视人之身若视其身”(《墨子·兼爱中》)，这都体现为一种对人的同情和关爱。不仅要“兼相爱”，还要“交相利”，即“有力者疾以助人，有财者勉以分人，有道者劝以教人”(《墨子·尚贤下》)，强调爱人不仅是一种心情，还要有实际的效果。汉代以后的思想家们对“仁爱”思想都有所发挥，尽管对“如何爱人”的阐释不同，但在宽以待人、与人为善方面却是一致的，这就保证了具有不同爱好和不同利益的人们，能够按照一定的原则规范和谐地相处，最大限度地实现了人际和谐。

讲求谦敬礼让，强调克骄防矜。中国自古就有“礼仪之邦”的美誉，谦敬礼让是中华民族优良的道德传统。《礼记》就曾指出“凡人之所以为人者，礼义也”，认为礼是人之为人的标志，是人的立身之本和区分人格高低的标准。正基于此，孔子提出“不学礼，无以立”(《论语·季氏》)。这种“礼”表现在与人交往中即“谦敬”，谦即自谦，虚以处己；敬即敬人，以礼待人。在这种为人处世的道德原则指引下，中华民族形成了以谦卑为怀、虚怀若谷、严于律己、宽以待人的优良品德。在谦敬礼让的同时，中国传统道德还提醒人们“事思敬”，即处事要想到是否谨慎，不要居功自傲，要克骄防矜，防止自大。老子曾以江海处下而为百谷王的事实，告诫人们不要“自矜”“自伐”“自是”(《老子·道德经》)。

倡导言行一致，强调恪守诚信。“诚信”即诚实守信，是中国古人极为重视的一种道德品质和道德规范。“诚”是一种真实无妄、表里如一的品格，也是道德的根本，故“养心莫善于诚”(《荀子·不苟》)，“诚”是一切道德行为的基础和从事道德修养的前提，也是一个人修身、治学和立业的根本；“信”是“五常”之一，是不自欺、不欺人、遵诺守约的品格，它主张在人际交往中应讲究信用，遵守诺言，“与朋友交，言而有信”(《论语·学而》),“信”也是成事之本,即所谓“人而无信,不知其可也”(《论语·为政》)。由上可见,“诚”与“信”的基本含义是相通的,在实际的道德生活中两者相互统一、不可分割。信以诚为基础,诚又以信为表现形式,以诚待人必能言信,离开诚则无信可言。后人将“诚”与“信”合并成一个词,诚信也就成为了道德之本、做人之本,成为处理人际关系的基本准则,所以才有了“以诚为本、取信于人”这一说法。

追求精神生活和道德理想,注重人生境界的升华。道德本身就是一种精神生活,讲道德的人必定重视精神生活,注重道德生活的中华儿女自然养成了追求高层次的精神生活的优良传统。具体在人生追求方面,表现为重义轻利、重内求而轻外逐、重心安而轻他论,在这里,精神和道德的需要是人的最高需要,道德的价值是人的最高价值,精神的幸福是人的最大幸福。《论语》中描述颜回“一箪食,一瓢饮,在陋巷。人不堪其忧,回也不改其乐”,正是对我国传统的心理充满自足、无有缺憾的精神之乐的生动刻画。同时,这种道德需要又表现为对自己所信仰的理想人格的追求。传统儒家思想认为“为学的目的”就是要达到“成贤”“成圣”的目的,追求的是为后人“立德”“立功”“立言”的“三不朽”和“为天地立心,为生民立命,为往圣继绝学,为万世开太平”的人生志向;道家把无私无欲的“真人”“圣人”作为最高的人生理想;墨家“尚贤”,推崇“圣王”“贤人”,把为大众谋利的牺牲精神作为人生最有价值的追求。这些道德传统和精神境界尽管不容易达到,但是人们仍然应当抱着“虽不能至,心向往之”的诚挚态度不断地追求,表现出“生,我所欲也;义,亦我所欲也。二者不可得兼,舍生而取义者也”(《孟子·告子上》)的坚定意志。

重视个人道德修养和道德实践,倡导道德主体要在完善自身中发挥自己的能动作用。修养是人们把社会要求转化为个人品质的自我教育过程以及这种过程所达到的精神境界。我国古代的各家各派,都十分重视修养问题。其中儒道两家关于修养的思想最为丰富,也最具有代表性。道家重养生,而儒家重修身。养生,就是炼养身体生命,是从人的自然属性上进行修养;修身,就是修养道德情操,这是从人的社会属性上进行修养。他们认为,“人皆可以为尧舜”,“一切皆以修身为本”,即关键在于修身养性,注重道德践履。只有修身,才能实现“内圣”,使自己成为像尧舜那样的“圣人”;只有修身,才能实现“外王”,即“齐家、治国、平天下”;只有“正己”,而后才能“正人”。因此,儒家推崇“吾日三省吾身”,“见贤思齐”,要“躬行”即身体力行,“道虽迩,不行不至;事虽小,不为不成”(《荀子·修身》),关键就在于要主动地去进行道德修养、道德实践。在这个过程中,历代思想家们提出了一系列行之有效的道德修养方法,如慎独、以人为镜、三思而后行、学以致用等,意在通过自我道德修养不断提高人生境界。

此外,中华民族的传统美德还包括廉洁自律、宽以待人、艰苦朴素、勤劳节俭、孝敬父母、尊老爱幼、尊师敬业,以及刚健有为、自强不息、舍生取义、见义勇为、奋发图强等。在长期的历史发展中,这些优良道德传统已经深入到全民族的思维方式、行为习惯、价值观念和文化心理之中,已经在每一个中国人身上烙下了深深的印记,中华民族虽历经磨难仍屹立于世界民族之林,是同中国的优良传统文化,尤其是优良的道德传统的作用密不可分的。

三、正确对待中华民族优良道德传统

中华民族的道德传统在总体上体现着一种积极向上、文明进步的精神风貌,但由于其阶级属性所限,其中也包含着一些消极落后的因素。我们必须用马克思主义的立场和观点加以审视,采取科学的态度和方法,达到“古为今用”的目的。

学习了解,把握要义。中华民族在几千年的历史中,创造了灿烂的文明,留下了大量的典籍。中国历史留下来的典籍数量之多,内容之丰富,影响之深远,是世界上任何一个国家和民族都不可比拟的。我们要继承中国传统文化,弘扬中国优良道德传统,前提是要学习、了解中国传统文化宝库中的基本内容,有了学习了解,才可能有继承发

扬，也才有可能在继承发扬的基础上创新，“不了解”或者“了解甚少”，继承和发扬就是空话。学习和了解的一个重要方面就是要弄清传统伦理道德的本来面目，挖掘其丰富内涵，不能断章取义。要做到这一点，必须进行科学的分析。

取其精华，弃其糟粕。对中国传统道德的继承，是一种批判的继承，就是要用历史唯物主义的立场、观点，对经过选择而吸取的道德遗产，根据社会主义社会处理人与人之间关系的道德原则，根据当前历史进步的要求和广大人民群众的利益，予以分析和鉴别，抛弃其封建的、落后的、消极的方面，吸收其反映人民利益的、科学的、积极的方面，予以加工和改造，赋予其时代要求的新的意义。具体来说，在中华民族传统道德中，从我们今天可以继承的角度考虑，大体可以分为以下三种不同情况：有些传统道德在今天看来依然属于精华，对于这一部分，通过科学的分析，进一步结合时代发展的需要，赋予其新的意义，使它继续为中国特色社会主义建设服务；还有一些传统道德同封建宗法制度和等级观念相联系，属于糟粕，对于这一部分应予坚决摒弃；同时，有一些传统道德往往是精华与糟粕交织、融合在一起，对这一部分需要谨慎地加以鉴别，继承和发扬其精华部分，并随着社会的进步和发展，不断对它进行改造和充实，推陈出新，使它在新的历史时期继续发挥积极作用。

要反对两种错误思潮。在继承和弘扬中华民族优良道德传统的过程中，还需要注意反对两种错误思潮。第一种是主张全盘继承传统的“文化复古主义”，主张中华民族传统道德是世界上最优秀的道德，并极力宣扬它的优点，掩盖它的缺点，属于典型的“保守主义”和“排外主义”。针对近代中国落后的现状，这种观点常把原因归结为传统文化特别是儒家文化的衰落。所以，道德建设的最终目标就是要恢复中国“固有文化”，形成以中国传统文化为主体的道德体系，并通过这种传统道德的复兴来衍生现代的科学和民主，此为“返本开新”。第二种是主张全盘否定传统的“民族虚无主义”，认为中国落后的根本原因在于传统文化,特别是传统道德文化,因此中国要复兴富强,就必须彻底地改变中国人的道德观念,同时还要全面地引进西方的道德观念,向西方人看齐。因而,主张在道德建设问题上要实行整体改造,认为中国传统文化从整体上来说在今天已经失去了价值和意义,已经蜕变为一个不能区分精华与糟粕的整体,必须从整体上予以全盘否定。道德建设的目标就是要把西方道德文化整体移植过来,特别是要用西方个人主义价值观来取代集体主义价值观。从理论上说,这两种错误思潮在对待道德问题上都割裂了共性和个性、抽象和具体、一般和个别以及普遍性和特殊性的关系。文化复古论在对待中国传统文化的问题上,只承认其一般性、普遍性而否定其个别性和特殊性,把传统的东西与现代的事物完全等同,这实际上是否定道德的历史和发展。全盘西化论则只承认中国传统文化的个别性、特殊性,也只肯定西方文化的一般性、普遍性,在对待中国和西方文化的问题上采取的是双重标准。这样的态度完全是主观任意的,背离了科学性的要求。从中国历史发展的过程来看,无论是文化复古论还是全盘西化论,都对社会的发展特别是道德文化的进步产生了十分消极的影响。在对待中国传统道德问题上,我们要坚持批判继承的原则,以历史唯物主义的基本立场,以弃糟取精、综合创新、古为今用的态度来正确对待。

第二节　践行和弘扬社会主义道德

社会主义道德是马克思主义伦理思想同中国特色社会主义实践相结合的产物,是对中国优秀道德传统的继承和发展,是对中国革命道德传统的继承和发展。中国革命道德传统,是中国共产党在领导广大人民群众为了推翻帝国主义、封建主义和官僚资本主义,建设社会主义新中国的革命和斗争过程中创建和发展起来的优良传统道德。历史地看,它既是中华民族传统美德的重要组成部分,也是中华民族传统美德在新的历史条件下合乎逻辑的发展和升华。

一、为人民服务是社会主义道德建设的核心

道德建设的核心就是道德建设的灵魂，它决定并体现着社会道德建设的根本性质和发展方向，规定并制约着道德领域中的种种道德现象，是一种社会道德区别于另一种社会道德的主要标志，是统率道德原则、道德规范和职业道德、社会公德、家庭道德的指导思想。

为人民服务，生动地体现了马克思主义唯物史观的基本观点。在马克思主义看来，人民群众是社会物质财富和精神财富的真正创造者，在社会发生变革时期又充当着变革社会的决定力量。因此，人民群众是创造历史的主体和推动历史发展的真正动力。正是在这一基本判断的基础上，我们党提出了为人民服务的思想。这一思想的形成、发展和完善经历了一个逐步深化的历史过程。1939 年毛泽东在致张闻天的一封信中，当谈到儒家旧道德之“勇”时，指出那种“勇”只是“勇于压迫人民，勇于守卫封建制度，而不勇于为人民服务的”①。这是我们所见到的毛泽东最早提出的“为人民服务”这一命题。1942 年在延安文艺座谈会上，毛泽东强调，“对于过去时代的文艺形式，我们也并不拒绝利用，但这些旧形式到了我们手里，给了改造，加进了新内容，也就变成革命的为人民服务的东西了。”②在这里，毛泽东第一次把“为人民服务”提到了马克思主义世界观、人生观和历史观的高度，赋予其新的科学内涵。1944 年在为中央警备团战士张思德举行的追悼会上，毛泽东第一次全面、系统地阐述为人民服务的思想，指出：“我们的共产党和共产党所领导的八路军、新四军，是革命的队伍。我们这个队伍完全是为着解放人民的，是彻底地为人民的利益工作的。”“因为我们是为人民服务的，所以，我们如果有缺点，就不怕别人批评指出。”“为人民利益而死，就比泰山还重；替法西斯卖力，替剥削人民和

---

① 《毛泽东书信选集》，人民出版社 1983 年版，第 147 页。

② 《毛泽东选集》第 3 卷，人民出版社 1991 年版，第 855 页。

压迫人民的人去死,就比鸿毛还轻。”[①]之后,毛泽东又在清凉山中央印刷厂礼堂的讲话中,第一次在“为人民服务”的前边加上了“全心全意”四个字,并在 1945 年党的七大上作为对党员的最基本要求写进了党章。

新中国成立后,在社会主义革命和社会主义建设事业中,中国共产党作为执政党坚持和发扬在战争年代形成的全心全意为人民服务的道德传统,始终把人民的利益放在第一位,不仅要求广大共产党员以大公无私、公而忘私的精神投身到社会主义建设的伟大事业中去,而且能够自觉做到为了人民的利益坚持真理,为了人民的利益改正错误。当前,我们党对贪污腐败严惩不贷,正表明党始终把人民的根本利益放在第一位。因此,改革开放以来,党依然能够得到人民的充分信任和衷心拥戴。在党的正确领导之下,我们已经取得了改革开放和社会主义现代化建设的辉煌成就,正在实现伟大“中国梦”的征程上大步迈进。

社会主义道德建设要以为人民服务为核心,这既符合我国社会主义初级阶段道德建设的现实状况,也是社会主义精神文明建设的客观要求。首先,为人民服务是社会主义经济基础和人际关系的客观要求。在现阶段,我国实行的是以公有制为主体、多种所有制经济共同发展的基本经济制度和按劳分配为主体、多种分配方式并存的分配制度,每个社会主义的劳动者和建设者都在为社会、为他人同时也是为自己而劳动和工作,全体人民通过分工和相互协作来实现共同富裕,逐步形成了团结互助、平等友爱、共同进步的人际关系。其次,为人民服务是社会主义市场经济健康发展的要求。社会主义市场经济不仅不排斥为他人和社会服务,而且强调通过服务尤其是优质服务,才能实现市场主体自己的利益。不加分析地把商品生产和市场经济同为人民服务、集体主义绝对对立起来是不正确的。

---

① 《毛泽东选集》第 3 卷,人民出版社 1991 年版,第 1004 页。

为人民服务作为社会主义道德建设的核心，有着不同层次的内容，体现了社会主义道德建设的先进性要求和广泛性要求的统一。为人民服务的先进性要求就是全心全意为人民服务，一心为公、大公无私；为人民服务的广泛性要求就是在人和人的相处中要尽量做到替别人着想，力求有利于他人、有利于社会，使自己的行为能够给他人带来有益的后果。在社会主义初级阶段，对于不同利益群体和不同阶层的人来说，为人民服务的具体要求不可能是完全一样的，应该有具体的不同的要求。

二、集体主义是社会主义道德建设的原则

为人民服务的思想道德观念作为核心，是社会主义道德体系的灵魂，集体主义作为原则是贯穿于社会主义道德体系的主线，两者相互联系，集中反映了社会主义道德体系的本质特征。

在社会主义道德体系中，集体主义原则是指导人们行为选择的主导性原则，是社会主义国家坚持和提倡的价值导向。这是社会主义经济、政治、文化、社会和生态文明建设的必然要求。生产资料公有制占主体地位的社会主义基本经济制度，为集体主义的实施创造了经济前提；以工人阶级为领导、以工农联盟为基础的人民民主专政的国体，为集体主义的实施创造了政治前提；以中国特色社会主义理论体系为指导的社会主义先进文化，为集体主义的实施创造了文化前提。

集体主义强调集体利益和个人利益的辩证统一。在社会主义社会中，国家利益、社会利益体现着社会主义社会中全体人民的共同利益，体现着每个公民的长远利益。同时，每个人的正当利益，又都是集体利益不可分割的组成部分。集体的兴衰与个人利益得失息息相关。集体利益、国家利益和社会利益的实现，本身就包含着集体中个人利益的实现，而且还为个人利益的进一步发展创造了更加有利的条件；而正当的个人利益的满足，是集体利益、社会利益和国家利益发展的重要保证。

集体主义强调集体利益高于个人利益。在实际生活中,个人利益和集体利益难免会发生矛盾。这些矛盾有的可缓和、化解,有的则会有冲突。集体主义强调,个人利益与集体利益发生冲突时,必须坚持集体利益高于个人利益的原则,即个人利益服从集体利益,必要时还要为集体利益做出牺牲。不过只有在不牺牲个人利益就不能保全集体利益的情况下,才要求个人为集体利益做出牺牲。之所以强调个人利益要服从集体利益,归根到底,既是为了维护集体的共同利益,也是为了维护个人的根本利益。不难看出,这样来理解和把握集体主义,既与漠视个人正当利益和需要的封建整体主义的道德原则区分开来,又与资产阶级所鼓吹的个人主义的道德原则划清了界限。

集体主义强调重视和保障个人的正当利益。集体主义促进和保障个人正当利益的实现,使个人的才能、价值得到充分的发挥。这不但与集体主义不矛盾,而且正是集体主义思想的应有之义。只有在集体中,个人才能获得全面发展;只有在集体中,个人的价值才能得以实现。事实上,正是集体主义为培养人的健全人格、鲜明个性和创新精神提供了道义保障。对于集体而言,只有个人的价值、尊严得到实现,个人的正当利益得到保证,集体才能有更强大的生命力和凝聚力。

总之,集体主义原则不是简单的个人服从集体,而是个人与集体的和谐发展。集体主义原则的最高理想,就是达到这两种利益和谐共生、同步实现。集体主义的实质,是在社会主义社会实现集体利益与个人利益的辩证统一与和谐发展。

在发展社会主义市场经济的条件下,在全面建成小康社会的进程中,依据我国经济生活和人们的思想道德状况的实际,可将社会主义集体主义的道德要求具体分为三个层次。一是无私奉献,一心为公。这是集体主义的最高层次,是共产党员、先进分子尤其是领导干部应努力达到的道德目标,对他们来说,在工作中,对社会主义事业应具有一定的牺牲精神、高度的热忱和责任心。二是先公后私,先人后己。这是已经具有较高的社会主义道德觉悟的人们能够达到的道德目标。

三是公私兼顾,不损公肥私。这是对我国公民最基本的道德要求。

三、公民基本道德规范是社会主义道德体系内容的丰富和拓展

2001年9月,中共中央印发的《公民道德建设实施纲要》(以下简称《纲要》),第一次系统明确地提出"爱国守法、明礼诚信、团结友善、勤俭自强、敬业奉献"的公民基本道德规范。这二十个字,实为十种道德规范,每种规范都有自己的要求。

爱国守法。爱国就是指公民了解和热爱自己的国家并忠实地履行公民的权利和义务,这是对公民的基本道德要求。就认知而言,成人大学生应该明确而坚定地将自己视为中华人民共和国公民,认真学习和深入了解关于自己国家的基本知识,如制度、历史、传统等。就情感而言,成人大学生应该自觉培养对国家的依恋感、归属感和自豪感,维护民族自尊和国家利益。

守法是指公民遵守国家颁布的宪法、法律和其他法律规范。市场经济是法治经济,和谐社会是法治社会。依法治国、建设社会主义法治国家是我国的根本治国方略,也是当今世界绝大多数谋求现代化国家的一种必然选择。

明礼诚信。明礼是指公民知悉和认同公认的文明礼貌规范并以此约束自己的行为。"明礼"指强化人们文明礼貌的自觉意识,进而培养和完善公民的道德人格。中华民族历来以"礼仪之邦"著称,几千年来,尽管社会形态更迭变换,但文明礼貌的传统一直延续至今。在现代社会生活中,文明礼貌已经成为国家、集体形象的一个重要组成部分。

诚信是指诚实无欺、信守诺言,这是做人最基本的素质,是公民道德的一个基本规定,还是一种社会资本。它包含诚实和守信两个方面,诚实是守信的基础,守信是诚实的外在表现。我国作为文明古国和礼仪之邦,早就把守信视作基本的为人之道、做人的必备品质。"人

无忠信,不可立于世。”诚信是做人立德的根基,是人格修炼的起点。

团结友善。团结就是指一个团体中各成员之间在思想上的一致和行动上的一致,团结是共同利益得以实现的基础。团结不仅是做人处事的一种基本道德能力,一种高尚的道德品质修养的表现,而且作为群体道德要求,是集体主义道德原则的集中体现,是社会整体道德素质的显著标志。

友善就是指友好和善良,就是与人为善,对人的态度和蔼亲近,能够在生活中处处为他人、社会着想。友善是良好人际关系的纽带。人生在世,需要以良好的态度处理人际关系,以友善的态度对待别人,能够宽容、谅解、理解别人,以真诚的努力得到别人的信任,关怀和帮助有困难的人。

勤俭自强。勤俭就是勤奋工作并珍惜劳动成果,所以勤俭不仅意味着奋斗和创造,还意味着自律和克制无度的物欲,在勤俭中使人格日臻完美。当前,我们的国家并不富裕,同发达国家的差距还很大,有些地区还没有摆脱贫困,人民总体生活水平还不高,并且不可能在短时间内根本改变这种状态,我们现在比任何时候都更需要提倡艰苦奋斗、勤俭节约的精神。

自强就是努力向上、奋发进取,对奋斗目标进行不懈的追求。自强者的品质之所以可贵,就在于拼搏奋斗,在于坚定的意志和坚强的决心。“有志者,事竟成,破釜沉舟,百二秦关终属楚;苦心人,天不负,卧薪尝胆,三千越甲可吞吴。”遭遇冷落时能泰然处之,穷困潦倒时要雄心不泯。

敬业奉献。敬业即用一种恭敬严肃的态度对待自己的工作,认真负责,任劳任怨,精益求精。敬业是一个人事业成功的基点,也是人们职业生涯中必备的素质。科技的进步、社会的发展都凝结着敬业精神的光辉。敬业品质是现代社会竞争取胜的重要条件。随着现代化建设和市场经济的发展,高质量地完成自己的工作并在工作中不断学习、积累、成长是现代社会爱岗敬业的突出表现。

奉献是不求回报地对他人和社会无私的付出,是崇高的道德境界。一个人对社会的付出超出他所得的部分,就是他的奉献。奉献是社会主义职业道德的最高境界,也是社会主义公民道德的最高境界。一个公民如果真正做到了奉献,也就能做到爱岗敬业、诚实守信、奉献社会。一个公民能够向国家、社会和他人奉献自己的辛勤劳动、聪明才智,必定是一个道德高尚的人,也就达到了社会主义公民做人的最高境界。

在这十个方面的道德规范中,"诚信"是公民道德建设的重点,是社会主义社会中个人与个人、个人与社会之间相互关系的基础性道德规范,也是社会公德和职业道德的基本准则,是社会主义市场经济条件下的基础性规范。将诚实守信作为重点,既是对中华民族优秀传统道德的继承和弘扬,又是对社会主义市场经济条件下道德关系亟待调整的积极回应。

第三节　建立和维护社会公共秩序

公共生活是人类生活的重要方面,维护一定的秩序是提高公共生活质量的重要条件。自古以来,人类维护公共生活秩序的手段多种多样,其中道德和法律是基本的手段。公共生活领域越扩大,公共秩序就越复杂,道德和法律的作用就越突出。成人大学生作为社会公共生活的主要力量,在公共生活领域中知荣明耻,自觉履行道德和法律义务,是锤炼其思想品德、提升其人生境界的重要途径,也是促进社会和谐的必然要求。

一、公共生活与公共秩序

一般而言,公共生活是相对于私人生活而言的。私人生活多以家庭内部活动和个人活动为主要领域,它包含和承载者个人的情感、个性、自由以及对生活的独特理解和表达,具有一定的封闭性、隐秘性和独立性等特点。公共生活则是指人们在公共空间里发生相互联系、相互影响的共同生活，相比私人生活，公共生活的活动范围更为广泛，活动内容也更加丰富，活动方式更为多样，表现方式更为公开，交往对象也更为复杂。在现代社会，随着经济的不断发展，全球化的有力推进，现代交通公交的便捷快速，现代传媒手段的普及和推广，以及社会交往范围的扩大，公共生活日益成为社会成员生活的重要组成部分，公共生活的领域也在迅速拓展，这是人类社会发展的必然趋势，也是社会文明和社会进步的直接体现。

公共生活作为一种在公共空间里发生相互联系、相互影响的生活，其中必将涉及个人与个人、个人与社会、人类与自然之间的各种复杂关系，处理这些关系应遵循一些基本的行为准则，因而必须建立良好的公共秩序。秩序是由社会生活中的规范来制约和保障的，任何一个社会都有它的公共生活规范和要求。公共秩序是由一定规则维系的公共生活的一种有序化状态，主要包括工作秩序、教学秩序、营业秩序、交通秩序、娱乐秩序、网络秩序等。公共秩序与每个公民息息相关，因为我们每个人都要在社会中生存，公共秩序越好，人们的生活就越方便，越安全；反之，公共秩序混乱，社会发展就将失衡，人与人、人与自然、人与社会的关系就将恶化、对立，和谐社会的建设就将失去基础。随着公共生活的快速发展，社会对公共秩序也提出了更高的要求。在当代社会，公共生活有序化对经济社会健康发展的重要意义愈加突出。

在人类历史上，维护公共秩序的手段最初是自发形成的，随着经济社会的不断进步，公共秩序日益重要和复杂化，人类便愈加自觉地采用各种手段去维护公共秩序。道德和法律逐渐成为建立和维护社会秩序的两种基本手段。公共生活中的道德和法律所追求的目标是一致的，都是通过规范人们的行为来维护公共生活中的秩序，实现社会稳定和经济发展。虽然道德和法律发挥作用的方式有所不同，但二者互为补充、相辅相成。法律贯穿了道德精神，以其自身的规范作用培养人们遵守道德规范的责任感；同时，道德规范作用的更好发挥，离不开法律支撑。而道德是健全法制、厉行法治的重要因素，立法者制定法律法规时，必然要考虑道德规范和道德要求，把道德精神渗透在法律规范之中；同时，在公共生活中，道德可以用来调节、规范人们的行为，预防犯罪的发生，因此，法律作用的更好实现，则需要以道德建设为重要条件。总之，良好社会秩序的形成、巩固和发展，需要靠道德，也要靠法律，必须综合运用这两种基本手段，规范人们的行为，培养良好的行为习惯，约束和制止不文明行为，维护社会公共秩序，形成扶正祛邪、扬善惩恶、知荣明耻的良好社会风气。

二、公共生活中的道德规范

社会公德是指在社会交往和公共生活中公民应该遵守的道德准则，它在整个社会道德体系中处于基础层次，是维护社会成员之间最基本的社会关系秩序，也是保证社会和谐稳定的最起码的道德要求。《公民道德建设实施纲要》明确指出，社会公德"涵盖了人与人、人与社会、人与自然之间的关系"。在人与人之间关系的层面上，社会公德主要体现为举止文明、尊重他人；在人与社会之间关系的层面上，社会公德主要体现为爱护公物、遵守公共秩序；在人与自然之间关系的层面上，社会公德主要体现为热爱自然、保护环境等。《纲要》指出，我国社会公德的主要内容包括"文明礼貌、助人为乐、爱护公物、保护环境、遵纪守法"五个方面。

文明礼貌。文明礼貌作为社会公德的一个重要规范，主要包括仪表整洁、举止端庄、语言文明、待人有礼、平等交往、相互尊重等。文明礼貌既是做人的起码要求，也是个人道德修养境界和社会道德风貌的表现。今天，倡导讲文明、懂礼貌、守礼仪是继承和弘扬中华民族传统美德、提高人们道德素质的迫切需要，是尊重人、理解人、关心人、帮助人，形成男女平等、尊老爱幼、扶贫济困、礼让宽容的新型人际关系的迫切需要，也是树立中国良好国际形象的迫切需要。

助人为乐。人们在社会中生活，总会遇到这样或那样的困难和问题，甚至遇到危急，这就需要别人给予援助。助人为乐是指人们主动地伸出援助之手，给他人以无私的帮助，并为此感到极大的幸福和满足的一种道德情感。作为社会公德之一，它是调整人与人之间相互关系的公共生活准则。它的最大特点是无私地、发自内心地对他人予以关怀。它要求人们把互相关心、互相爱护、互相帮助、扶危济困、见义勇为作为道德要求，反映了社会主义社会人与人之间的新型关系，是社会主义国家人际关系的特点和优点，也是个人具有高尚的道德境界的表现。

爱护公物。爱护公物就是对社会、集体的财物采取爱护、保护的态度和行为，公共财物是劳动人民通过辛勤劳动创造的，是社会生产和生活的必要物质基础和条件，是保证公共生活正常进行的物质设施。因此，爱护公共财物就是珍惜和尊重人民群众辛勤劳动的成果，这是每一个公民应尽的责任和义务。如果每个社会成员都能够爱护公物，就意味着全社会的公共财物能够物尽其用、用有所值；如果社会公共财物遭到破坏，社会的利益就会受到损害。所以，每一个公民都应该以主人翁的精神，关心、珍惜和爱护公共财物，树立爱护公共财物的道德风尚，并坚决反对一切破坏和损害公物的行为。

保护环境。保护环境是指对人类赖以生存的自然环境和资源采取保护和爱护的态度和行为。社会公德不仅涉及人与人之间的关系，还涉及人与自然的关系，涉及整个人类的利益。社会公德在环境问题上的一个基本要求就是，人类不仅要满足当前的需要，而且还要满足子孙后代的需要。任意对待自然，造成生态失调，不仅会危及现代人的利益，而且是对子孙后代权利的侵犯。自觉遵守环境道德，是当代社会对人们提出的最起码的道德要求。保护自然环境不仅是保证一个国家、一个地区经济和社会可持续发展的需要，而且是维护人类共同利益的体现。因此，每个公民都应从维护人类生存的观点出发，怀着对人类世代发展的高度责任感和积极保护生态环境的紧迫感，有效地履行保护环境的社会道德的义务。

遵纪守法。遵纪守法就是遵守社会主义纪律和法律,这是社会主义社会的本质要求,也是社会公德最基本的要求,是维护公共生活秩序的重要条件。公民自觉遵纪守法是提高社会公德水平的一个重要途径。在社会生活中,每个社会成员既要遵守国家颁布的法律、法规,也要遵守特定公共场所和单位的有关纪律规定。人们应当牢固树立法制观念,"以遵纪守法为荣、以违法乱纪为耻",自觉遵守相关的法律和纪律,勇于同违法乱纪行为作斗争,以维护法纪的尊严。

近年来,随着信息技术的迅猛发展,互联网开始构筑起一种全新的工作、学习方式,并成为重要的信息平台与交流工具。网络生活已成为人们日常生活的重要内容,它包括信息采集、即时通信、休闲娱乐等。网络具有方便快捷、信息量大、覆盖面广的特点,可以成为人们工作、学习和交流的重要工具。然而,网络也是一把双刃剑,它既可以极大地促进社会的发展,又可能因使用不当或缺乏规范而损害社会公德,妨碍社会的发展。网络生活秩序的维持同样离不开相应的道德要求,即人们在网络生活中为了维护正常的网络公共秩序需要共同遵守的基本道德准则,是社会公德规范在网络空间的运用和扩展。人们应当正确使用网络工具,健康进行网络交往,自觉避免沉迷网络,积极倡导网络文明,养成科学、文明、健康的上网习惯,在网络生活中加强自律,为净化网络空间积极贡献力量。

三、公共生活中的法律规范

法律是维护社会公共秩序的基本手段之一。在建设社会主义法治国家的进程中,我们要充分认识法律规范在公共生活中的作用,正确把握公共生活中主要法律规范的基本精神和主要内容,自觉遵守公共生活中的法律规范,这对于维护公共秩序,促进社会进步,提升自身文明素质,满足生存与发展需要,都具有特别重要的意义。

我国建立起一整套完善的公共生活法律规范体系。其基本立法精神是在维护公共秩序、保障公共安全、保护公共环境的基本前提下，保护公民、法人和其他组织的合法权利与自由，其中与我们关系较为密切的相关法律有以下几部。

治安管理处罚法。治安管理处罚法立足于维护社会治安秩序，保障公共安全，保护公民、法人和其他组织的合法权益，规范和保障公安机关及其人民警察依法履行治安管理职责。其基本原则主要有：治安管理处罚必须以事实为依据，与违反治安管理行为的性质、情节以及社会危害程度相当；实施治安管理处罚，应当公开、公正，尊重和保障人权，保护公民的人格尊严；办理治安案件应当坚持教育与处罚相结合的原则。

违反治安管理行为是指扰乱社会秩序，妨害公共安全，侵犯公民人身权利，侵犯公私财产，情节轻微尚不够刑事处罚的行为。治安管理处罚种类有警告、罚款、行政拘留、吊销公安机关发放的许可证、限制出境或者驱逐出境等。治安管理处罚法还规定，公安机关及其人民警察对治安案件的调查应当依法进行，严禁刑讯逼供或者采用威胁、引诱、欺骗等非法手段搜集证据。

集会游行示威法。集会、游行、示威是宪法赋予公民的基本权利，该项权利必须依法行使。集会游行示威法的立法目的是在维护社会安定和公共秩序的前提下，充分保障宪法赋予公民的集会、游行、示威的权利和自由。其基本原则主要有：政府依法保障原则、权利义务一致原则、和平进行原则。

在中华人民共和国境内举行集会、游行、示威，均适用集会游行示威法。举行集会、游行、示威，必须依照集会游行示威法的规定向主管机关提出申请并获得许可。有反对宪法所确定的基本原则，危害国家统一、主权和领土完整，煽动民族分裂，有充分根据认定申请举行的集会、游行、示威将直接危害公共安全或者严重破坏社会秩序等四种情形之一的，不予许可。

道路交通安全法。道路交通安全问题是我们每个人在公共生活中都会遇到的问题,直接影响我们每一个人的人身和财产安全。为了维护道路交通秩序,预防和减少交通事故,保护人们的人身和财产安全,提高通行效率,国家制定了道路交通安全方面的法律法规。其基本原则主要有:一是依法管理原则,二是以人为本、与民方便原则。道路交通安全法的主要内容包括道路通行规则、交通事故处理规则和对严重违法行为的处罚、发生交通事故后的处置等。

环境保护法。环境是影响人类社会生存和发展的各种天然的和经过人工改造的自然因素的总和,包括大气、水、矿藏、森林、自然古迹、人文遗迹等。环境保护法旨在保护和改善生活环境与生态环境,防治污染和其他公害,保障人体健康,促进社会主义现代化建设的发展。其基本原则主要有:一是经济建设与环境保护协调发展的原则;二是预防为主、防治结合、综合整治的原则;三是谁污染谁治理、谁开发谁保护的原则。环境保护法规定了国家保护环境的方针、任务、原则、制度和措施。我国环境管理基本制度主要有:环境规划制度、环境保护目标责任制度、环境影响评价制度、"三同时"制度、限制治理制度、排污申报登记制度、许可证制度和排污收费制度。

维护互联网安全的决定。为了兴利除弊,促进我国互联网的健康发展,维护国家安全和社会公共利益,保护个人、法人和其他组织的合法权益,全国人大常务委员会专门通过了维护互联网安全的决定。其基本原则主要有:一是促进网络发展与加强监管相结合的原则;二是信息自由与社会公共利益有机结合的原则;三是与现代网络发展相适应、与传统法律规范相协调的原则。维护互联网安全的决定规定了用互联网实施其他犯罪行为的,依照刑法有关规定追究刑事责任,利用互联网实施行政违法行为和民事侵权行为的,分别依法追究行政责任和民事责任等网络违法和犯罪行为的法律责任。

阅读书目

1. 中共中央宣传部宣传教育局:《〈公民道德建设实施纲要〉学习读本》,学习出版社 2001 年版。

2. 张锡勤:《中国传统道德举要》,黑龙江教育出版社 1996 年版。

3. 焦国成:《公民道德论》,人民出版社 2004 年版。

4. 钱广荣:《学会自尊——写给当代大学生》,安徽大学出版社 1999 年版。

学习思考

1. 联系实际,谈一谈弘扬中华民族优良道德传统对我们的意义。

2. 怎样理解为人民服务是社会主义道德建设的核心,集体主义是社会主义道德的基本原则?

3. 谈谈当代成人大学生在工作和生活中如何树立诚信品质。

4. 联系实际,谈谈成人大学生应当如何增强自身的公德意识。

第五章　遵守职业规范　树立家庭美德

在选择职业时，我们应该遵循的主要方针是人类的幸福和我们自身的完善。

——马克思

在学校和生活中，工作的最重要的动力是工作中的乐趣，是工作获得结果时的乐趣，以及对这个结果的社会价值的认识。

——爱因斯坦

挟泰山以超北海，此不能也，非不为也；为老人折枝，是不为也，非不能也。

——庄　子

职业活动中的道德与法律，是为了调节和约束从业人员的职业活动而形成和制定的行为规范。它们广泛渗透于职业活动的各个方面。爱岗敬业、诚实守信、办事公道、服务群众、奉献社会是社会主义职业道德的基本内容。性爱、理想、责任三要素缺一不可，构成了爱情有机统一的整体。尊老爱幼、男女平等、夫妻和睦、勤俭持家、邻里团结是我国新时期家庭美德的集中概括。

职业活动是人类最普遍、最基本的活动，职业道德是从事一定职业的人在职业生活中应当遵循的具有职业特征的道德要求和行为准则。家庭是在婚姻关系、血缘关系或收养关系基础上产生的，是社会和谐稳定的基本单元要素。成人大学生多已经成家立业，因此需要认真学习职业道德和职业活动中的法律知识,树立正确的择业观和创业观,正确认识和对待爱情,了解、掌握道德和法律对婚姻家庭的基本要求,为做好本职工作,过好家庭生活,打下良好基础。

第一节 职业生活中的道德与法律

职业活动是人们生产和生活最基本的社会活动。职业活动中的道德与法律,是为了调节和约束从业人员的职业活动而形成和制定的行为规范。它广泛渗透于职业活动的各个方面,不仅对各行各业的从业者具有引导和约束作用,同时也是保障社会持续、健康、有序发展的必要条件。

一、职业生活中的道德规范

所谓职业道德即从事一定职业的人在职业生活中应当遵循的具有职业特征的道德要求和行为准则。这决定了职业道德具有主体特定性、内容特殊性和多样性、历史继承性和相对稳定性、阶级性等特征。职业道德规范体现了社会主义职业的基本特征,具有崭新的内涵。

爱岗敬业。爱岗敬业,反映的是从业人员热爱自己的工作岗位,敬重自己所从事的职业,勤奋努力、尽职尽责的道德操守。这是社会主义职业道德的基本要求。对自己工作岗位的爱与对自己所从事职业的敬,都是对职业态度和职业精神的强调。这不仅是个人生存和发展的需要,也是社会存在和发展的需要。求职者是否具有爱岗敬业的精神,已经成为用人单位挑选人才的重要标准。

诚实守信。诚实守信,既是做人的准则,也是对从业者的道德要求,即从业者在职业活动中应该诚实劳动,合法经营,信守承诺,讲求信誉。诚实守信是中华民族传统美德的重要规范,在社会主义社会应该继承并使之发扬光大。诚实守信不仅是人和人之间正常交往、社会生活能够稳定、经济秩序得以保持和发展的重要力量,也是从业者在职业活动中赢得人们的信任、获得社会的支持以及获得成长和发展机遇的人格力量。

办事公道。办事公道,就是要求从业人员在职业活动中做到公平、公正,不谋私利,不徇私情,不以权损公,不以私害民,不假公济私。公道是职业道德规范强调的重点。社会主义社会各行业之间以及人与人之间尽管存在着竞争关系,但人们彼此之间有着共同的利益,相互之间的竞争是一种公平竞争的关系,也是相互协作、相互服务的关系,从业人员内部彼此间的关系都要讲究公平、公正、公道。

服务群众。服务群众,就是在职业活动中一切从群众的利益出发,为群众着想,为群众办事,为群众提供高质量的服务。人民民主专政的国家性质决定了人民群众在国家中的主人翁地位。因此,各行各业的具体社会职责和工作内容虽然各不相同,但根本目的是一致的,都是为人民服务、为社会主义事业服务。人民群众的需要不仅确定了职业活动的属性与目的,也确认了职业活动价值评判的标准。因此,服务群众也是职业活动的内在需要。

奉献社会。奉献社会,就是要求从业人员在自己的工作岗位上树立奉献社会的职业精神,并通过兢兢业业的工作,自觉为社会和他人作贡献。这是社会主义职业道德中最高层次的要求,体现了社会主义职业道德的最高目标指向。

不同的职业价值追求产生的价值和意义也不相同,体现的人生境界也不相同。青年马克思认为:“如果一个人只为自己劳动,他也许能够成为著名的学者、伟大的智者、卓越的诗人,然而他永远也不能成为完美的、真正伟大的人物。……如果我们选择了最能为人类而工作的职业,那么,重担就不能把我们压倒,因为这是为大家做出的牺牲;那时我们所享受的就不是可怜的、有限的、自私的乐趣,我们的幸福将属于千百万人,我们的事业将悄然无声地存在下去,但是它会永远发挥作用,而面对我们的骨灰,高尚的人们将洒下热泪。”①

二、职业生活中的有关法律

职业活动中的法律规范有很多。从适应对象来说,既有适用于广大劳动者的劳动法、就业促进法、劳动合同法、劳动争议调解仲裁法等,又有适用于某一特定职业的公务员法、教师法、律师法、法官法、检察官法、人民警察法等。从法律层次来说,既有全国人民代表大会及其常务委员会制定的法律,又有国务院及其主管部门制定的行政法规和规章,还有地方人大及其常委会和地方政府制定的地方性法规与规章。从法律内容来说,既有对用人单位和从业人员权利与义务的规定,又有对从业人员的资格、职业行为的规定以及对用人单位招工、录用程序的规定等。从应用的广泛性来看,本文主要介绍广大劳动者普遍适应的劳动法、就业促进法、劳动合同法、劳动争议调解仲裁法等规定。

劳动法。劳动法于1994年7月5日由第八届全国人大常务委员会第八次会议通过,自1995年1月1日起施行,是我国第一部关于保护劳动者的合法权益、调整劳动关系的重要法律。

劳动法的基本原则有:一是维护劳动者合法权益与兼顾用人单位利益相结合的原则,二是按劳分配与公平救助相结合的原则,三是劳动者平等竞争与特殊劳动相结合的原则,四是劳动行为自主与劳动标准制约相结合的原则。

劳动法规定的劳动者的权利有:平等就业和选择职业的权利,获得劳动报酬的权利,获得休息休假的权利,获得劳动安全卫生保护的权利,接受职业技能培训的权利,享受社会保险和福利的权利,提请劳动争议处理的权利以及法律法规规定的其他权利。

就业促进法。就业促进法于2007年8月30日第十届全国人民代

① 《马克思恩格斯全集》第1卷,人民出版社1995年版,第459页。

表大会常务委员会第二十九次会议通过，自2008年1月1日起施行，其制定目的是为了促进就业，促进经济发展与扩大就业相协调，促进社会和谐稳定。

就业促进法确立了坚持“劳动者自主择业、市场调节就业、政府促进就业”的就业方针。具体来说，一是明确“劳动者自主择业”，倡导劳动者树立正确的择业观念，提高就业能力和创业能力，鼓励劳动者自主创业、自谋职业。二是明确“市场调节就业”，充分发挥人力资源市场在促进就业中的基础性作用，实现用人单位自主用人，劳动者自主就业，促进劳动者和用人单位相互选择，实现劳动力合理流动。三是明确“政府促进就业”，充分发挥政府在促进就业中的重要职责，通过增加就业机会，维护公平就业，创造就业条件，提供就业援助等措施实现就业。

劳动合同法。劳动合同法于2007年6月29日第十届全国人民代表大会常务委员会第二十八次会议修订通过，自2008年1月1日起施行。劳动合同是劳动者与用人单位确立劳动关系、明确双方权利和义务的协议，双方遵循平等自愿、协商一致的原则，依法订立即具有法律约束力，当事人必须履行劳动合同规定的义务。

在订立劳动合同时，应当具备的条款有：用人单位的名称、住所和法定代表人或者主要负责人；劳动者的姓名、住址和居民身份证或者其他有效身份证件号码；劳动合同期限；工作内容和工作地点；工作时间和休息休假；劳动报酬；社会保险；劳动保护、劳动条件和职业危害防护；法律法规规定应当纳入劳动合同的其他事项。

劳动争议调解仲裁法。劳动争议调解仲裁法于2007年12月29日第十届全国人民代表大会常务委员会第三十一次会议通过，自2008年5月1日起施行。劳动争议调解仲裁法规定，解决劳动争议应当根据事实，遵循合法、公正、及时、着重调解的原则，依法保护当事人的合法权益。

发生劳动争议，劳动者可以与用人单位协商，也可以请工会或者第三方共同与用人单位协商，达成和解协议。如果当事人不愿协商、协商不成或者达成和解协议后不履行的，可以向调解组织申请调解；不愿调解、调解不成或者达成调解协议后不履行的，可以向劳动争议仲裁委员会申请仲裁；对仲裁裁决不服的，除本法另有规定的除外，可以向人民法院提起诉讼。

三、树立正确的择业观与创业观

择业与创业是任何已具备劳动能力的人，进入职场都要面对的问题。所谓择业，是指个人根据自己的意愿和社会的需要，主动选择自己所从事的工作的过程。在职业选择过程中，择业者不仅要考虑到个人的需要、兴趣、能力等因素，还要考虑社会发展的需要。所谓创业，是指通过发挥自己的主动性和创造性，开辟新的工作岗位、拓展新的职业范围、创造新的业绩的实践过程。在开创事业过程中，创业者需要对自己拥有的资源进行思考、推理和判断，以实现优化组合并创造更大经济或社会价值。面对当前我国就业压力大、就业形势较为严峻的情况，择业观与创业观应当适应时代的需要，既要追求自己的人生价值理想，更要符合社会的实际需要，应将这两个方面有机地结合起来，应当在正确人生价值观的指导下树立正确的择业观与创业观。

立足社会需要，追求长远利益。择业观是人生价值观的体现，在不同时期体现不同的特点。人选择职业，职业也选择人，这不仅是一个双向选择的过程，也是一个适者为用的竞争过程。择业是一个人价值理想和职业抱负的体现，但是仅考虑个人需求是无法达成所愿的，因为社会需求对择业有很大的制约性。我们必须把对职业的期望与社会的需要统一起来，在满足社会需要的过程中实现自我的价值理想和职业理想，以积极主动的态度面对择业问题。

夯实专业基础，做好就业准备。择业需要以自身的专业实力、职业能力和综合素质作为基础。没有过硬的专业基础、良好的职业能力及较强的综合素质，在择业过程中往往就处于高不成、低不就的尴尬状态。因此，为了实现顺利就业，就应当作好职业生涯规划设计，确定自己的发展方向，不仅有助于求职的目标性和方向性，而且也有助于个人将来长远的发展和规划，从而为未来的事业打下一个坚实的基础。

认清自我现实，转变就业观念。 职业活动不仅是人谋生的方式和手段，也是人奉献社会、实现自我价值的必要条件。通过职业活动实现自我价值不可好高骛远，应建立在对自我清醒认识和对现实客观把握的基础上。一方面，树立个人价值与社会价值相结合、个人价值的实现以国家和人民的需要为前提的择业观，将自我价值的实现融入到为人民服务之中去；另一方面，应正视现实、调整心态，正确分析自己与就业市场，充分估计可能出现的问题，增强自我调控能力，保持积极健康的求职心态，改变一次就业、一步到位的就业观念，逐步树立多次择业的观念，在比较和努力中寻找到适合自己的工作岗位。

择业并不是职业生活的一个孤立环节，择业与创业总是密切相连。所以，我们不仅要重塑自己的择业观，也要树立正确的创业观。

要有敢于创业的勇气。 主动择业与自主创业是当今社会发展提出的客观要求。在今天就业压力较大的社会环境中，善于创业能够摆脱困境，获得更多更好的发展机会，所以我们应当勇于创业，勇敢地接受创业挑战，做一个工作岗位的创造者。

要做好创业的思想准备。 创业艰难磨难多，因此，创业需要有勇气，但勇气不等于鲁莽，更不是蛮干。在准备创业前，要有充分的心理准备和思想准备，做好吃苦的准备，做好承受创业过程中可能遇到各种考验的准备。

要提高创业的能力。 根据杰夫里·提蒙斯所著的创业教育领域的经典教科书《创业创造》的定义："创业是一种思考、推理结合运气的行为方式，它为运气带来的机会所驱动，需要在方法上全盘考虑并拥有和谐的领导能力。"要想成功创业，创业者除了需要勇气及思想准备外，还必须提高自己创业的能力。既需要创新的思维方式，也需要通盘考虑当下所处的各种现实因素,以"能力本位"作为提升创业能力的方向。

第二节 爱情生活中的道德规范

爱情是人与人之间关系的一个重要方面,是人生一道亮丽的风景线。人们对于爱情的向往与追求是一生中最幸福的事情。歌德曾经说过,青年男子谁个不善钟情? 妙龄女子谁个不善怀春? 不论男女,到了青年时期,都会产生男女之间的爱慕之情,都有一个正确处理爱情的问题。理解和把握爱情的真谛或本质,正确认识爱情的道德责任,树立正确的爱情观关系到未来婚姻家庭生活的幸福。

一、爱情的本质

第一次对爱情做出科学概括和总结的是恩格斯,他在《家庭、私有制和国家的起源》一书中,基于历史的分析指出,"现代的性爱,同古代人的单纯的性要求,同厄洛斯[情欲],是根本不同的。第一,性爱是以所爱者的对应的爱为前提的;从这方面说,妇女处于同男子平等的地位,而在古代的厄洛斯时代,绝不是一向都征求妇女同意的。第二,性爱常常达到这样强烈和持久的程度,如果不能结合和彼此分离,对双方来说即使不是一个最大的不幸,也是一个大不幸;为了能彼此结合,双方甘冒很大的危险,直至拿生命孤注一掷,而这种事情在古代充其量只是在通奸的场合才会发生。最后,对于性关系的评价,产生了一种新的道德标准,人们不禁要问:它是婚姻的还是私通的,而且要问:是不是由于爱和对应的爱而发生的?"[①]这里,恩格斯虽然没有给出爱情的定义,但却揭示了现代爱情的基本特征,也由此说明爱情不是自古就有的,它是人类发展到一定历史阶段的产物。根据恩格斯的分

① 《马克思恩格斯选集》第4卷,人民出版社1995年版,第74—75页。

析,我们可以给爱情下这样一个定义:所谓爱情是一对男女基于一定的社会基础和共同的生活理想,在各自内心形成的相互倾慕,并渴望对方成为自己终身伴侣的一种强烈、纯真、专一的感情。性爱、理想、责任是构成爱情的三个基本要素。

性爱是一种基于男女两性差别基础上形成的特殊情爱,是把爱情与人世间的其他情感如亲人之爱、朋友之爱或同志之谊明显区别开来的一种感情。爱情中的性爱不仅仅是男女两性间的一种"自然关系",而且是一种"精神化的自然关系",即以作为爱情主体的男女双方在人格、心灵、思想、情感、旨趣、性格等精神方面的倾慕、共鸣为基础的性爱关系。正由于爱情所包含的精神、情感方面的共鸣与统一才使爱情显示出它高于一般动物自然性欲的高尚性,才使爱情高于一般性爱而具有社会意义。

理想赋予爱情深刻的社会内涵,是爱情生长的内在依据。共同的生活理想、深刻的情感体验使得双方突破了与异性分离的围墙,大大加强了人与人相联合的能力。这正如黑格尔所说:"爱情里确实有一种高尚的品质,因为它不只停留在性欲上,而是显出一种本身丰富的高尚优美的心灵,要求以生动活泼、勇敢和牺牲的精神和另一个人达到统一。"①由此使爱情具有巨大的鼓舞力量,能够振奋人的精神,激发人的智慧,升华人的品德。

责任是对性爱和理想的升华,使得爱情不是自私地占有对方的感情,而是自觉自愿地为所挚爱的人付出感情,承担责任。这正如教育学家苏霍姆林斯基所说:"爱情首先意味着对你的爱侣的命运、前途承担责任……爱,首先意味着献给,把自己的精神力量献给爱侣,为他(她)缔造幸福。"责任也因此成为爱情得以长久的重要保障,是坚贞爱情的"试金石"。有了责任的担当,爱情的社会内涵才得以丰富,爱情的境界才得以提升。

---

① 黑格尔:《美学》第2卷,朱光潜译,商务印书馆1979年版,第332页。

性爱、理想、责任三要素缺一不可,构成了爱情有机统一的整体。性爱的吸引,把异性间的爱情与异性间的友谊从根本上区别开来;理想的契合,使相爱的人焕发出极大的热情来克服生活中的消极和颓废;责任的担当,则使得爱情自觉自愿地为所挚爱的人的幸福、前途贡献所有力量。

通过爱情三要素的分析,不难发现,爱情具有两种属性:社会属性和自然属性,爱情是自然属性与社会属性的统一,但其本质在于它的社会性。爱情的自然属性主要是指满足人的生理需要,即性爱;爱情的社会属性是指满足人的精神需要,即情爱。由于人已经远离了动物界而成为社会的人,人类的爱情也就不只是个人的现象和问题,而是社会的现象和问题。男女的恋爱行为不仅会对个人生活产生影响,而且也会对社会生活产生影响。因此,社会对个人的恋爱行为进行道德约束不仅需要,也是必要。而且,正是由于爱情具有社会属性,有了社会对于爱情的相对统一的要求和约束,爱情才能够超越人类的性本能,成为人类一种诚挚的情感。这种最为美好的情感,按照恩格斯的理解应具有以下特征。

爱情具有对等性。爱情以所爱者的对应的爱为前提的,是男女双方自觉自愿的付出与奉献,双方都有爱与被爱的权利,都有对爱选择和拒绝的权利,从这方面说,爱情不能强制、勉强或凑合。对等的要求还意味着爱情世界里男女人格是平等的,不存在谁依附谁、谁占有谁,更多的应是彼此之间给予或奉献。

爱情具有持久性。爱情是一种强烈和持久的情感,如果时间很短暂,只是一时的迷恋,那可能就只是欲望。作为一种感情,爱情需要小心呵护、精心经营来维系,只有不断培养、发展和深化这种特殊的情感,爱情之花才会常开不败、艳丽芬芳。正如鲁迅所说:"爱情必须时时更新、生长、创造。"只有经过时间的淬砺,爱情才会常青。

爱情具有排他性。真正的爱情是一对男女之间最真挚的情感,是一种特殊的相互拥有的感情,不容第三者介入,而且从本性上来说,性爱就是排他的。但性爱的排他性与封建礼教的"从一而终"是截然不同的,前者是爱情道德观念的一种体现,适应于爱情中的所有男女,而后者是封建社会不平等礼教观念的体现,仅对妇女而言。爱情的排他性是指要对爱情忠贞,不朝三暮四,但这并不意味着爱人不可以与其他异性展开正常的交往。

二、恋爱中的道德要求

恋爱道德是在恋爱生活中必须遵循的道德行为准则。遵循恋爱道德,正确认识恋爱的道德责任,处理好恋爱关系才能感受到爱情的甜蜜,才更有助于造就健康、牢固、成熟和完满的爱情;如果在恋爱中违背了爱情道德,就会品尝到自己酿造的爱情苦果。恋爱中的道德要求主要体现在以下几个方面。

尊重人格。人格平等是指恋爱双方的人格完全平等,爱情中的地位也完全平等。男女平等是社会主义道德的基本要求之一,这同样适用于恋爱生活。在社会主义社会,男女之间在社会地位、人格尊严、道德要求等方面是平等的,因而在建立和发展恋爱关系的过程中,男女双方应当处于平等地位,都有给予爱、接受爱和拒绝爱的权利和自由,惟有如此,才能相互理解和尊重,才能对爱情采取认真负责的态度。恋爱不是等价交换,也不是一方对另一方的依附或占有,恋爱双方要尊重对方人格的独立性和重视双方的平等。人格的独立性表现在不能把对方变成自己的附庸,不能变成自己的"奴仆";反之,也不能让自己依附对方而失去自我,否则都是对爱情实质的曲解。男女双方因内在的思想、品质、情感、气质等方面的吸引和共鸣而产生诚挚、纯洁、强烈的感情。这种感情需要建立在彼此坦率、真诚、理解的基础上,以使对方对自己有一个全面的了解和认识,并由此决定是否建立恋爱关系。用隐瞒和欺骗的手段去博取对方的爱情不仅是不道德的,而且也不会长久的。

承担责任。爱情是人类的一种高级精神生活,不仅要求双方在思想、情感、性格等方面和谐共鸣，而且要求男女双方共同承担责任和义务，这是爱情的核心要素和本质要求，正是奉献和给予，才使爱情高尚和纯洁。自觉自愿地为对方承担责任，是真正的爱情的体现和要求。责任不是花前月下的卿卿我我，而是需要见诸行动，需要体现在生活的点滴之中。在事业方面，双方需要主动关心对方的事业发展，尽己所能地给对方创造更多的有利条件，使对方能够无后顾之忧地投身于事业发展中去。当事业需要协调发展时，双方能够分清主次，合理地做出一定的牺牲。在为人处事方面，双方需要相互鼓励，培养良好的品德，不要怂恿对方去做违纪违规、以谋取私利的事，陷对方于不仁不义之中。在心理方面，双方都应当细致入微地关心和体贴对方的情绪变化，及时给予对方以情感和精神上的慰藉，分担和分享失败与挫折、成功与喜悦。

文明相爱。爱情是男女之间一种强烈的情感，尤其是热恋中的人们需要借助语言、举止来传情达意，但这并不意味着任何举动可以不分时间、地点、场合随意表示。爱情在具体的社会和文化环境中展开，理解和把握爱情的道德要求，要考虑具体社会历史条件的制约，考虑一定的文化传统、社会心理和风俗习惯的影响。中华民族在爱情问题上历来以委婉、含蓄、庄重为美，因此，在公开场合表达爱意一定要文明，要注意方式、地点及场合的要求。恋人在公共场所出入，要遵守社会公德，不要对他人生活和公共生活造成不良影响。文明的恋爱往往是恋爱双方既互相爱慕，又举止得体、相互尊重，而绝不是在态度、举止、语言上的粗俗和放纵。恋人独处，也要讲文明讲道德。文明相爱，就是在现实生活中对真正的爱情的尊重和维护，也是对所爱的人的尊重和爱护。失去道德的护佑，爱情不仅不美丽，也不会长久。

三、树立正确的恋爱观

爱情是一件美好的事情，爱一个人是一种美好的体验。美好的爱情不仅带给人强烈的幸福感，也有助于人事业的成功。但恋爱过程中并不总是一帆风顺,这其中会有矛盾、挫折甚至失败。如何理智地对待恋爱中的种种问题,如何树立正确的恋爱观,在很大程度上决定了一个人恋爱的成败是否。因此,除了准确把握爱情的本质外,还应树立正确的恋爱观。

恋爱观是指对待爱情的基本态度和看法,它是人生观和价值观的体现。每个人的人生观不同,价值选择不同,对待恋爱的基本观点和态度也就不同。不同层次的恋爱观,对恋爱实践也具有不同层次的导向作用。正确的恋爱观有助于恋爱沿着健康的道路发展,错误的恋爱观可能会使恋爱难以为继。恋爱观是个人文明程度的重要体现,正确的恋爱观包括以下几点要求。

以共同的理想、信念、追求和优良的道德品质作为爱情的基石。理想、信念、品质这些不仅是爱情的重要因素,也是人生的核心要素,如果恋爱双方就这些要素与人生目标达成一致,那么彼此之间就有了志同道合的思想基础和价值基础,双方的爱好、志趣一致、相投,这不仅会成为一种激励因素,促使恋爱双方在相互关心、理解与支持的过程中进一步发展和完善自己,而且即使有严峻的生活考验,也能够相扶相守,共渡难关。虽然“爱美之心人皆有之”,外表的美也是促使爱情产生的心理动因之一,但从爱情的长远来看,共同的志趣与心灵的共鸣方是爱情长久的根源。

以学习和事业作为爱情的中心,促进事业的发展。爱情是人生一道亮丽的风景线,但爱情不是人生最主要的事情,更不是生活的全部或唯一的内容。因为爱情在某种程度上是一种私人感情,过分追求爱情,或把爱情视为生活的唯一目标,必然淡化或降低了学习与事业在人生的位置,由此也降低了人生的价值。其实,爱情与学习、事业不是矛盾的关系,人们只有在认真学习、勇于追求事业、成就事业的过程中,爱情生活才会常新常美。真正的爱情能给人以鼓舞,使人在消沉中振奋,不仅不是事业的敌人,更是事业腾飞的翅膀。相反,爱情与事业关系处理不好,爱情就会成为生活的重负、事业的羁绊。在爱情与事业的关系上，我们强调二者应同时兼顾，并不是说事业可以代替爱情，而是说事业的成功有助于形成乐观向上、不断进取的人生态度，往往有助于爱情的发展。

以社会条件和个人因素作为爱情考量的依据。恋爱是一种自由选择的过程，但绝对自由的恋爱是不存在的。一方面需要在观念上认识到恋爱要受具体社会历史条件的制约，要受一定的文化传统、社会心理和风俗习惯的影响。因此，恋爱行为要注意遵从社会现实条件所认可的方法和形式，选择能够被大家所接受和祝福的爱情模式。另一方面需要在实践中认识到恋爱也受到个人思想品德素质、知识水平、外貌气质、能力大小、性格倾向等个性因素的影响。这些主观因素在某种程度上决定着人恋爱的能力，即正确选择对象的能力、正确表达爱意的能力、感受爱的能力和接受、处理爱的能力，等等。因此，提升个人的品行修养和丰富个人的远见学识是增加恋爱魅力与提高恋爱成功率的较好方法。

以冷静和理智作为处理失恋问题的态度和方式。爱情是甜蜜的，失恋是不幸的，但失恋不等于爱情的失败，失恋更不能失志乃至失德，失恋后纠缠对方乃至诽谤报复，为道德所不容，为世人所不齿。面对失恋，首先要冷静分析其原因。在爱情中，恋爱双方的地位和关系是平等的，存在矛盾实属正常，因为每个人都是独立的个体，都有自己的个性、兴趣和爱好，要想让这些双方认识之前就已形成的差异转化为某种共识和一致，必然要经过磨合期，解决矛盾是磨合的一种方式。如果双方确实无法磨合，矛盾难以调和导致分手也属正常。关键在于冷静和理智地搞清楚是因对方的品质不好、见异思迁还是因为自己的能力不济、修养不够，前者就没什么可惜的，后者就需要努力学习、提高素质，在失恋中走向人生新的成长。

第三节　家庭生活中的道德与法律

家庭是恋爱的结果,是爱情在内容和形式上的升华。美满的婚姻家庭不仅是人们栖息的港湾、事业的保障,而且婚姻家庭的和谐稳定是社会和谐稳定的基础。从恋爱到缔结婚姻和建立家庭,是人生需要经历的阶段。家庭美德和家庭生活中的法律,就是为了调节家庭内部成员以及与家庭生活密切相关的人际关系的行为规范。因此,了解和掌握道德和法律对婚姻家庭的基本要求,对解决好立业成家的人生课题具有基础作用。

一、家庭生活中的道德规范

家庭是指在婚姻关系、血缘关系或收养关系基础上产生的,由亲属之间所构成的社会生活单位。它与婚姻既密切相关又具有明显区别。婚姻是指由法律所确认的男女两性的结合以及由此而产生的夫妻关系。婚姻是家庭产生的重要前提,是家庭形成的必要条件,家庭又是缔结婚姻的必然结果,婚姻的成功体现为家庭的幸福、家庭的美满,又彰显出婚姻的意义。

家庭美德是基于协调家庭关系所提出的行为规范,它是调节家庭内部成员以及与家庭生活密切相关的人际关系的行为规范,是每个公民在家庭生活中应该遵循的行为准则。家庭美德在维系和谐美满的家庭关系中具有重要而独特的功能。具体来说,家庭美德由五个层面的内容构成。

尊老爱幼。中华民族历来就是讲求尊老爱幼的民族。尊老爱幼,是指尊敬长辈,爱护晚辈。作为一种传统美德,尊老爱幼有助于促进家庭和睦,社会和谐。老人和儿童作为弱势群体,需要给予特别的关爱。老人对社会做出了贡献,为培育后代付出了心血,在他们年老体弱成为弱势群体时,理应得到社会及家庭成员的尊重与回报,子女对父母及长辈的尊敬、关心与体贴不仅是道德义务的要求,也是法律责任的体现。儿童是国家和民族的未来,是社会和家庭的希望,在他们作为未成年人还不能自食其力的时候是需要呵护和照顾的群体,需要得到成年人在物质上和精神上的照顾与培育。

男女平等。男女平等是我国重要的法律原则和道德规范。2012年11月中国共产党第十八次全国代表大会中,首次将男女平等作为基本国策写入报告。男女平等,是指男女两性在婚姻家庭关系中,享有同等的权利,履行同等的义务。《中华人民共和国宪法》第四十八条就男女平等问题明确指出:"中华人民共和国妇女在政治的、经济的、文化的、社会的和家庭的生活等各方面享有同男子平等的权利。"在家庭生活中的男女平等既表现为夫妻权利和义务上的平等、人格地位上的平等,又表现为平等地对待自己的子女,从制度上彻底铲除了旧时夫妻关系上的男尊女卑、子女问题上的重男轻女等落后道德观念产生的根源。

夫妻和睦。夫妻是家庭的主要成员,夫妻关系是家庭关系的核心。忠于爱情、互敬互爱,是夫妻和睦、婚姻美满的基础。具体来说,夫妻双方在相处的过程中要相互尊重、相互理解、相互信任、相互关心,多给对方点自由空间。现代社会工作压力大,职场竞争激烈,生活在社会上的每个人,都有自己生存与发展的空间,同时又都有自己的行为方式。这就要求夫妻双方尊重对方的选择,给自己的爱人以充分的理解和信任,让对方自由地发展。夫妻和睦在不同时代有不同的要求和表现,封建社会的夫妻和睦往往体现在妻子对丈夫的绝对依从,丈夫对妻子的绝对支配上。今天所强调的夫妻和睦,是在男女平等基础上的互敬互爱、互助互让。

勤俭持家。勤俭是家庭兴旺的保证,也是社会富足的保证。古语云,"一粥一饭,当思来之不易;半丝半缕,恒念物力维艰","勤是摇钱树,俭是聚宝盆,奢懒败家门"。中华民族曾涌现出过很多勤俭持家的楷模,他们都在倡导并努力践行勤俭持家、厉行节约的传统美德,这对今天社会中铺张浪费、摆阔气、讲排场的习气和行为具有教育意义。勤俭持家既要做到努力工作、勤劳致富，也要做到量入为出、节约费用。家庭生活的不节俭，不仅造成了社会资源的极大损失，也对孩子造成了不良的影响。

邻里团结。邻里之间既无血缘关系，又无法定关系，作为一种朝夕相处的地缘关系，我们应当注意邻里团结。俗语说“远亲不如近邻”，邻里关系处理得好，可相扶相助、互为依靠。现代社会，任何家庭都不可能孤立存在，而是处于多维的社会联系之中，老子所说的“鸡犬相闻、老死不相往来”的处世之道是不符合社会主义邻里道德要求的。搞好邻里团结重要的是相互尊重、相互谅解、礼让待邻。具体来说，尊重邻里的人格、民族、宗教、生活方式、兴趣爱好等，邻里之间发生磨擦和矛盾的时候要互谅互让，无理要认错，有理要让人，蛮横无理、各不相让的态度是搞不好邻里关系的。

二、家庭生活中的有关法律

婚姻家庭关系不仅需要靠道德来维系，还需要靠法律来调整。1950 年 5 月 1 日公布施行的《中华人民共和国婚姻法》是新中国颁布的第一部法律。我国现行的婚姻法是 2001 年新修订的。学习婚姻法，对于我们培养正确的婚姻家庭观念和法律意识，运用婚姻法律知识解决婚姻家庭领域的法律问题，维护公民在婚姻家庭领域中的合法权益，促进社会的文明进步，均具有重要的意义。

我国婚姻法的基本原则主要有：婚姻自由，一夫一妻，男女平等，保护妇女、儿童和老人的合法权益，实行计划生育，夫妻互相忠实、互相尊重，家庭成员间敬老爱幼、互相帮助。我国婚姻法的主要内容包括结婚、家庭关系、离婚三个方面。

结婚。结婚是指男女双方依照法律规定的条件和程序，确立夫妻关系的法律行为。它包括三层含义：结婚必须是男女两性的结合，结婚必须符合法定条件并遵守法定程序，结婚是男女双方确立夫妻关系的法律行为。结婚的法定条件分为必备条件和禁止条件。结婚的必备条件有三：一是男女双方必须完全自愿，二是必须达到法定结婚年龄。我国婚姻法规定，结婚年龄男不得早于22周岁，女不得早于20周岁。在我国，男女公民只有达到法定的结婚年龄，才具备申请结婚的资格，婚姻登记机关方予登记，婚姻关系才有效。三是必须符合一夫一妻制。男女双方必须在均无配偶，即婚姻当事人只有在各自未婚、离婚或丧偶的情况下才能结婚。结婚的禁止条件：一是直系血亲和三代以内的旁系血亲禁止结婚，二是患有医学上认为不应当结婚的疾病，禁止结婚。

结婚除必须符合法定条件外，还必须符合法定程序，即要求结婚的男女双方必须亲自到婚姻登记机关进行结婚登记。符合本法规定，予以登记，发放结婚证。男女双方一经办理结婚登记手续，领取了结婚证，不论是否举行结婚仪式，不论是否同居，都为合法夫妻。婚约不是成立婚姻关系的必经程序，不具有法律效力，不受法律保护。

无效婚姻，是指欠缺婚姻生效的法定条件而不具有法律效力的婚姻。我国婚姻法规定："有下列情形之一的，婚姻无效：（一）重婚的；（二）有禁止结婚的亲属关系的；（三）婚前患有医学上认为不应当结婚的疾病，婚后尚未治愈的；（四）未达法定婚龄的。"对于无效婚姻，当事人以及利害关系人可以向婚姻登记机关或人民法院提出该婚姻无效；婚姻登记机关或人民法院应当宣告该婚姻无效。因胁迫结婚的，受胁迫的一方可以向婚姻登记机关或人民法院请求撤销该婚姻。

家庭关系。家庭关系包括夫妻关系、父母与子女的关系及其他家庭成员之间的关系。夫妻关系是指由合法婚姻而产生的男女之间在人身和财产方面的权利义务关系。夫妻关系是家庭产生的前提，是家庭关系的基础和核心。夫妻关系包括夫妻人身关系和夫妻财产关系两个方面的内容。夫妻人身关系是指没有直接财产内容、夫妻在身份上的权利义务关系。具体包括：夫妻双方都有使用自己姓名的权利；双方都有参加生产、工作、学习和社会活动的自由，一方不得对他方加以限制和干涉;双方都有抚养教育子女和管教、保护未成年子女的权利和义务;双方都有实行计划生育的义务。夫妻财产关系是指夫妻之间在财产方面的权利义务关系。它是夫妻人身关系引起的法律后果,直接体现一定的经济内容。夫妻财产方面的权利义务包括夫妻对共同财产享有平等的所有权、夫妻有相互扶养的义务、夫妻有相互继承遗产的权利等。父母与子女的关系是一种自然血亲关系,基于子女出生的事实而发生,包括婚生的父母子女关系和非婚生的父母子女关系。因父母一方死亡或离婚而再婚所发生的继父母与受其抚养教育的继子女关系,因依法收养而发生的养父母与养子女关系,虽然不是自然血亲关系,但法律确认其权利义务关系与亲生父母子女关系相同。我国父母与子女关系的内容包括父母对子女有抚养教育的义务,有管教和保护未成年子女的权利和义务,子女对父母有赡养扶助的义务,父母子女有相互继承遗产的权利等。此外,非婚生子女享有与婚生子女同等的权利,任何人不得加以危害和歧视。其他家庭成员间的关系,是指祖父母与孙子女、外祖父母与外孙子女以及兄弟姊妹之间的关系。

离婚。离婚是指夫妻双方依法解除婚姻关系的行为。处理离婚时必须遵循以下两个原则:一是保障离婚自由。离婚自由是婚姻自由的一个重要方面。没有离婚自由,就没有真正的婚姻自由。婚姻应当是以男女双方爱情为基础的,由于种种原因,如果夫妻双方感情确已破裂,又无和好可能,强行维持这种名存实亡的婚姻关系,不仅会给双方带来痛苦,而且对子女、家庭和社会也是无益的。二是反对轻率离婚。离婚意味着夫妻关系的解除和终止,意味着家庭离散,从而引起一系列法律后果,对当事人双方、子女、家庭和社会产生一些消极影响,反对一切任意、滥用离婚自由权利的行为。

离婚有两种方式:一种是协议离婚,指男女双方自愿离婚,并对子女抚养教育和夫妻财产分割等问题达成协议,到婚姻登记机关申请离婚的行为。另一种是诉讼离婚,指一方要求离婚,另一方不同意离婚,或双方虽自愿离婚,但在对子女抚养或夫妻财产分割未能达成协议的情况下,婚姻当事人向人民法院提起诉讼的行为。

婚姻法还规定了不允许离婚的几种情况,如现役军人的配偶要离婚时,若未征得军人的同意,不允许离婚;再如女方在怀孕期间、分娩后1年内或终止妊娠6个月内,男方不得提出离婚,但女方提出离婚或人民法院认为确有必要受理男方离婚请求的,不在此限。

三、营造和谐美满的婚姻家庭

古往今来,事业成功、生活幸福的人往往都有一个幸福美满的家庭作后盾、作支撑。俗话说,“家和万事兴”。每个人都希望家庭是人生温暖的驿站,是调整休憩的港湾,是积聚力量的所在。但什么样的家庭才是和谐的家庭?怎样让家庭多些欢笑、少些冲突?和谐家庭需要什么样的家庭氛围?因此,营造和谐美满的婚姻家庭成为每个人人生发展的重要环节。

一方面,家庭成员之间应多一点关爱和体谅,少一点牢骚和抱怨。家庭成员生活在一起,难免磕磕碰碰,有不同的看法和主张,这很正常,积极沟通和交换看法,达成一致意见最重要。遇到家庭矛盾冲突,不能上纲上线,无限放大对方缺点,要秉持和谐理念来处理家庭成员之间的关系。具体来说,做到四个和谐:关系和谐、生活和谐、发展和谐、心理和谐。关系和谐,是指在家庭成员中要体现中国传统文化的“和为贵”理念,在尊重彼此不同看法的基础上心平气和、真诚友善地交流与沟通,实现相互理解、彼此宽容;生活和谐,是要在日常生活中体现“和为乐”的理念,多肯定、多表扬,以积极向上的氛围提升家庭成员感受幸福快乐的能力,要让家庭里洋溢着快乐的气氛;发展和谐,是指全体家庭成员是一个共同体,是一个血缘共同体,更应该是一个精神共同体,也就是说家庭成员除了血缘纽带还应该有着一致认同的基本价值取向,对问题的认识和人生的发展能够达成基本共识,集中精力谋发展;心理和谐,是指每一个家庭成员都要有积极、乐观、向上的态度，彼此之间多一些情感慰藉，多一些心理支持，要有为家庭发展而和衷共济的良好心态。家庭成员之间不能动辄就互相埋怨、相互指责，而是应该彼此多一点关爱，多一点感恩，多一点谦让，多一点支持。

另一方面，家庭成员要自觉遵德守法，提高道德修养与法律意识，在道德与法律的指引下沿着健康之路构建和谐美满的婚姻家庭。在规范和调整恋爱、婚姻、家庭关系中，道德和法律缺一不可。其中道德是基础，法律是保证。具体来说，法律在现实生活中就恋爱、婚姻、家庭等领域的问题并不是万能的，很多问题更多要借助道德杠杆进行协调和处理，道德的适用范围比法律要宽泛很多。一是因为法律对恋爱、婚姻、家庭关系的作用，总要受到立法数量的限制；二是因为法律的强制作用，可以交由道德协调的事一般总是借助道德来调节，这样可以减少法律成本，提升道德水准。

道德和法律是社会生活的两种重要的调控手段，它们从不同的角度保护着婚姻家庭这个人生的港湾。遵守家庭美德、遵循婚姻法律规范，不仅是现实生活对人们提出的客观要求，也是幸福家庭对人们提出的内在要求。作为成人，我们应当珍惜自己的婚姻和家庭，应当积极承担应尽的责任和义务，营造温馨的家庭和温情的港湾。

阅读书目

1. 马克思：《青年在选择职业时的考虑》，《马克思恩格斯全集》第1卷，人民出版社1995年版。

2. 傅雷：《傅雷家书》，江苏文艺出版社2010年版。

3. 鲁迅：《鲁迅全集》第1卷，人民文学出版社2005年版。

学习思考

1. 面对当今的就业形势，大学生应该树立怎样的职业观？

2. 应当怎样认识爱情与人生？

3. 在现代社会，如何理解和践行“孝”？

4. 法律调整婚姻家庭关系的特点是什么？与道德相比，有何不同？

第六章　树立法治理念　维护法律权威

有法必然治国，无法必然乱国；法有权威则治，法无权威则乱。

——董必武

守法和有良心的人，即使有迫切的需要也不会偷窃，可是，即使把百万金元给了盗贼，也没法儿指望他从此不偷不盗。

——克雷洛夫

法律不能使人人平等，但是在法律面前人人是平等的。

——波洛克

建立和完善中国特色社会主义法律体系，保证国家和社会生活各方面有法可依，是全面落实依法治国基本方略的前提和基础。法治理念是理性化的是指导人们进行法治实践的思想基础、基本原则和价值追求。树立和维护法律权威，是社会主义法治理念和法治思维的核心要求，是建设社会主义民主政治和法治国家的前提条件。

理解法律基础知识，理解中国特色社会主义法律体系是大学生必备的法律素养。在现实社会生活的具体实践中，树立法治理念、自觉维护法律权威是每一个公民所应该具备的基本的法律精神。大学生应是法治理念的自觉践行者，法律权威的自觉维护者。

第一节 法律和中国特色社会主义法律体系

一、法律及其历史发展

就我国现行的法律而言,广义的法律指法律的整体,主要包括全国人民代表大会及其常务委员会制定的法律,国务院制定的行政法规,地方国家权力机关制定的地方性法规,民族自治地方的人民代表大会制定的自治条例和单行条例等。狭义的法律仅指全国人民代表大会及其常务委员会制定的法律。

(一)法律的一般含义

法律不是从来就有的,而是随着私有制、阶级和国家的出现而逐步产生的。从法律发展的历史来看,法律是一种复杂的社会历史现象。只有透过各种法律现象,把握其本质,才能深刻揭示法律的一般含义。

一般来说,调整人们行为的社会规范,有道德规范、宗教规范、纪律规范和法律规范。与道德规范、宗教规范、纪律规范不同,法律规范具有自己的特征。法是体现统治阶级意志的由国家制定或认可的并由国家强制力保障实施的规范体系。

法是体现统治阶级意志的社会规范。法不是个人意志的反映,也不是所有社会成员意志的反映,法所反映的是统治阶级的意志。统治阶级的意志通过国家意志表现出来。没有国家,就没有法律。法的国家意志性,是法的核心特征。国家制定或认可是法律产生的两种方式。“制定”包括两层含义:国家专门机关制定的社会规范,即成文法;国家授权法院或法官以判决的方式创造的规则,即判例法。“认可”是国家通过一定的程序将习惯上升为法律,即习惯法。除了“法由国家制定或认可”体现国家意志外,法体现国家意志还表现在法的统一性和权威性。统一性是指一个国家只能有一个总的法律体系,且该法律体系内各部分之间是统一的;权威性即法是以国家强制力为后盾,由国家强制力保障实施。

法是由国家强制力保障实施的社会规范。法不同于其他社会规范之处在于它的特殊的强制性,即国家强制性。法是以国家强制力为后盾,由国家强制力保障实施的。当然,国家运用强制力保障法的实施,必须依法进行。即在哪些情况下、哪些机关按照何种程序、如何制裁违法行为等必须按照法律的规定进行。

法是由社会物质生活条件决定的社会规范。法的内容不是凭空产生的,它是一定物质生活条件的集中反映。社会物质生活条件,指同生产力的一定发展阶段和水平相适应的社会物质基础。物质资料的生产方式决定法的本质、内容和发展方向。不同经济基础的国家和同一国家的不同社会发展阶段的法律,其表现形式都不同。

(二)法律的历史发展

从古到今,许多思想家、法学家对法的起源问题进行了探讨,提出了关于法的起源的各种学说。马克思主义认为,法是随着生产力的发展、社会经济的发展、私有制和阶级的产生、国家出现而产生的,经历了一个长期的渐进的过程。法律制度的基本内容和性质总是与其所在的社会的生产关系相适应。人类社会存在四种历史类型的法,即奴隶制法、封建制法、资本主义法和社会主义法。但是在人类社会发展过程中,并不是每一个国家的法都一定经过这四种历史形态。

奴隶制法。奴隶制法是人类历史最早出现的法律,也是私有制条件下最早的法律。世界上许多国家都经历过奴隶社会,也存在奴隶制法。奴隶制法的本质和特征是由奴隶制社会的经济基础所决定的,即严格保护奴隶主所有制,公开反映和维护贵族的等级特权。奴隶制法刑罚种类繁多,刑罚手段极其残酷。

封建制法。封建制法是经奴隶制法之后出现的又一种私有制类型的法律。封建制法赖以建立和存在的经济基础是地主或领主占有土地和部分占有农民或农奴,封建主依靠封建土地所有制和超经济剥削迫使农民依附于封建主阶级,维护地主阶级的土地所有制,确认和维护封建等级特权,刑罚酷烈,罪名繁多,滥施肉刑,广为株连。

资本主义法。资本主义法体现了资产阶级的意志,是资产阶级国家权力有系统、有组织的表现。资产阶级重视法治,形成了一整套独特的法律体系和法律实施体系。资本主义社会是以发达的生产力和社会化大生产为基础而建立起来的社会,生产资料和劳动力都变成了商品。虽然为了维护社会政治、经济秩序的稳定,建立起了资本主义法律体系,但是不能改变其以资产阶级意志和利益为依归的法律制度本性,依然属于剥削类型的法律。

在欧美近代史上,由于各国的历史传统、社会条件和发展道路等方面存在差别,在资本主义法律产生和发展的过程中形成了不同的法系。资本主义国家的法律制度可以分为大陆法系和英美法系。大陆法系又称罗马法系、民法法系,是指以古罗马法,特别是《法国民法典》和《德国民法典》为传统产生和发展起来的法律的总称。英美法系又称普通法系、英国法系、判例法系,是指以英国中世纪的法律,特别是以普通法为基础和传统产生与发展起来的法律的总称。

大陆法系与英美法系都属于西方国家,它们有许多共同之处,例如在经济基础、阶级本质上是相同的,都重视法治等。但因各自的传统不同,它们之间又有一定的区别。这些区别从宏观的角度看,可以分为:第一,在法律思维方式方面,大陆法系属于演绎型思维,而英美法系属于归纳式思维,注重类比推理。第二,在法的渊源方面,大陆法系中法的正式渊源只是制定法,而英美法系中制定法、判例法都是法的正式渊源。第三,在法律的分类方面,大陆法系国家一般都将公法与私法的划分作为法律分类的基础,而英美法系则是以普通法与衡平法为法的基本分类。第四,在诉讼程序方面,大陆法系与教会法程序接近,属于纠问制诉讼,英美法系则采用对抗制诉讼程序。第五,在法典编纂方面,大陆法系的主要发展阶段都有代表性的法典,特别是近代以来,进行了大规模的法典编纂活动。英美法系在都铎王朝时期曾进行过较大规模的立法活动,近代以来制定法的数量也在增加,但从总体上看,不倾向进行系统的法典编纂。

社会主义法。社会主义法是在推翻旧政权、摧毁旧法体系基础上创建起来的,属于建立在社会主义经济基础之上的上层建筑的一部分。由于各个国家走上社会主义道路的起点和途径不同,社会生产力的发展阶段和水平不同,它们的经济和社会结构会存在较大差异,但是社会主义法的本质和根本任务这一点是共同的。社会主义法是以工人阶级为领导的广大人民共同意志和根本利益的体现,是维护社会秩序、推动社会进步的工具。

新中国的法律是在摧毁国民党法律的基础上创立的,是革命根据地法的继承和发展。中国社会主义法律体系的建立还经过了由新民主主义向社会主义的转变过程。中国社会主义法律体系的发展经历了曲折的过程。党的十一届三中全会以来,随着改革开放的深入进行,法在社会生活中的作用不断提高,依法治国、建设社会主义法治国家已成为全社会的共识。

二、中国特色社会主义法律体系

形成中国特色社会主义法律体系,保证国家和社会生活各方面有法可依,是全面落实依法治国基本方略的前提和基础。大学生要深刻理解中国特色社会主义法律体系形成的标志和重大意义,准确把握中国特色社会主义法律体系的构成和特征,进一步增强对社会主义法律制度的认同感。

(一)中国特色社会主义法律体系的形成与特征

中国特色社会主义法律体系是在中国共产党领导下,适应中国特色社会主义建设事业的历史进程逐步形成的,经历了一个从无到有、从初步形成到基本形成再到形成,然后经过不断完善趋于更加成熟的过程。

1949 年中华人民共和国成立,实现了中国从几千年封建专制制度向人民民主制度的伟大跨越,彻底结束了旧中国半殖民地半封建社会的历史,人民成为国家、社会和自己命运的主人。新中国成立60多年来特别是改革开放30多年来,中国共产党领导中国人民制定宪法和法律,经过各方面坚持不懈的共同努力,我国立法工作取得了历史瞩目的巨大成就。涵盖社会关系各个方面的法律部门已经齐全,各个法律部门中基本的、主要的法律已经制定,相应的行政法规和地方性法规比较完备,法律体系内部科学、和谐、统一。我国的法律体系立足中国国情和实际,适应改革开放和社会主义现代化建设需要,集中体现党和人民意志。以宪法为统帅,以部门法为主干,由法律、行政法规、地方性法规等多个层次的法律规范构成的中国特色社会主义法律体系已经形成,国家经济、政治、文化、社会以及生态文明建设的各个方面实现有法可依。

中国特色社会主义法律体系,是新中国成立以来特别是改革开放30多年来经济社会发展实践经验制度化、法律化的集中体现,是中国特色社会主义制度的重要组成部分,具有十分鲜明的特征。

体现中国特色社会主义的本质要求。一个国家法律体系的本质是由这个国家的法律确立的社会制度的本质所决定。中国是工人阶级领导的、以工农联盟为基础的人民民主专政的社会主义国家。在社会主义初级阶段,中国实行公有制为主体、多种所有制经济共同发展的基本经济制度,这就决定了中国的法律制度必然是社会主义的法律制度,所构建的法律体系必然是中国特色社会主义性质的法律体系。中国特色社会主义法律体系所包括的全部法律规范、所确立的各项法律制度,有利于巩固和发展社会主义制度,充分体现了人民的共同意志,维护了人民的根本利益,保障了人民当家作主。中国制定哪些法律,具体法律制度的内容如何规定,都坚持从中国特色社会主义的本质要求出发,从人民群众的根本意志和长远利益出发,将实现好、维护好、发展好最广大人民的根本利益作为根本出发点和落脚点。

体现改革开放和社会主义现代化建设的时代要求。中国新时期最鲜明的特点是改革开放。中国特色社会主义法律体系与改革开放相伴而生、相伴而行、相互促进。一方面,形成中国特色社会主义法律体系,是改革开放和现代化建设顺利进行的内在要求,是在深入总结改革开放和现代化建设丰富实践经验基础上进行的。另一方面,中国特色社会主义法律体系的形成,为改革开放和社会主义现代化建设提供了良好的法制环境,发挥了积极的规范、引导、保障和促进作用。同时,中国特色社会主义法律体系妥善处理了法律稳定性和改革变动性的关系,既反映和肯定了改革开放和现代化建设的成功做法,又为改革开放和现代化建设的进一步深入预留了空间。

体现结构内在统一而又多层次的国家要求。一个国家的法律体系如何构成,一般取决于这个国家的法律传统、政治制度和立法体制等因素。中国是统一的多民族国家,由于历史的原因,各地经济社会发展很不平衡。与这一基本国情相适应,中国宪法和法律确立了具有中国特色的统一而又多层次的立法体制,这就决定了中国特色社会主义法律体系具有内在统一而又多层次的结构特征,这既反映了法律体系自身的内在逻辑,也符合中国国情和实际。与其相适应,中国特色社会主义法律体系以宪法为统帅,由法律、行政法规、地方性法规等多个层次的法律规范构成。这些法律规范由不同立法主体按照宪法和法律规定的立法权限制定,具有不同的法律效力,都是中国特色社会主义法律体系的有机组成部分,共同构成一个科学、和谐的统一整体。

体现继承中国法制传统和借鉴人类法制文明成果的文化要求。各国的法律制度基于本国历史文化传统和社会现实情况不断发展,也随着经济全球化趋势的增强而相互沟通、交流、借鉴。中国特色社会主义法律体系的形成,始终立足于中国国情,坚持将传承历史传统、借鉴人类文明成果和进行制度创新有机结合起来。一方面,注重继承中国传统法制文化优秀成分,适应改革开放和社会主义现代化建设需要进行制度创新,实现了传统文化与现代文明的融合;另一方面,注意研究借鉴国外立法有益经验,吸收国外法制文明先进成果,但又不简单照搬照抄,使法律制度既符合中国国情和实际,又顺应当代世界法制文明时代潮流。这个法律体系具有很强的包容性和开放性,充分体现了它的独特文化特征。

体现动态、开放、与时俱进的发展要求。一个国家的法律体系通常是对这个国家一定历史发展阶段现状的反映。随着经济社会的发展,法律体系需要不断丰富、完善、创新。中国处于并将长期处于社会主义初级阶段,整个国家还处于体制改革和社会转型时期,社会主义制度还需要不断自我完善和发展,这就决定了中国特色社会主义法律体系必然具有稳定性与变动性、阶段性和连续性、现实性和前瞻性相统一的特点,决定了中国特色社会主义法律体系必然是动态的、开放的、发展的,而不是静止的、封闭的、固定的,必将伴随中国经济社会发展和法治国家建设的实践而不断发展完善。

(二)中国特色社会主义法律体系的构成

中国特色社会主义法律体系,是以宪法为统帅,以法律为主干,以行政法规、地方性法规为重要组成部分,由民法、商法、行政法、刑法、诉讼与非诉讼程序法等多个部门法组成的有机统一整体。

宪法是中国特色社会主义法律体系的统帅。宪法是国家根本大法,是国家长治久安、民族团结、经济发展、社会进步的根本保障。在中国,各族人民、一切国家机关和武装力量、各政党和各社会团体、各企业事业组织,都必须以宪法为根本的活动准则,并负有维护宪法尊严、保证宪法实施的职责。我国宪法在中国特色社会主义法律体系中具有最高的法律效力,一切法律、行政法规、地方性法规的制定都必须以宪法为依据,遵循宪法的基本原则,不得与宪法相抵触。

法律是中国特色社会主义法律体系的主干。我国宪法规定,我国人大及其常委会行使国家立法权。我国人大及其常委会制定的法律,是中国特色社会主义法律体系的主干,解决的是国家发展中带有根本性、全局性、稳定性和长期性的问题,是国家法制的基础,行政法规和地方性法规不得与法律相抵触。全国人大及其常委会制定的法律,确立了国家经济建设、政治建设、文化建设、社会建设和生态文明建设等基本的法律制度，构成了中国特色社会主义法律体系的主干，也为行政法规、地方性法规的制定提供了重要依据。

行政法规是中国特色社会主义法律体系的重要组成部分。国务院根据宪法和法律制定行政法规。这是国务院履行宪法和法律赋予的职责的重要形式。行政法规可以就执行法律的规定和履行国务院行政管理职权的事项做出规定，同时，国务院对应当由全国人大及其常委会制定法律的事项，可以根据全国人大及其常委会的授权决定先制定行政法规。行政法规在中国特色社会主义法律体系中具有重要地位，是将法律规定的相关制度具体化，是对法律的细化和补充。

地方性法规也是中国特色社会主义法律体系的重要组成部分。有立法权的地方人大及其常委会积极行使地方立法职权，从地方经济社会发展实际出发，制定了大量地方性法规，对保证宪法、法律和行政法规在本行政区域内有效实施，促进改革开放和社会主义现代化建设，发挥了重要作用。

第二节　树立社会主义法治理念

法治理念是理性化的法治理念，是指导人们进行法治实践的思想基础、基本原则和价值追求。人们在长期的法治实践中会自觉或不自觉地形成一定的法治观念，并在其支配下参与法治实践。大学生应该自觉树立社会主义法治理念，以社会主义法治理念为指导积极参与社会主义民主法治建设实践，为社会主义政治文明建设做出应有的贡献。

一、树立社会主义法治理念的重要意义

社会主义法治理念是我国社会主义法治建设的思想观念体系，反映了社会主义法治的性质、功能、目标方向、价值取向和实现途径，是社会主义法治的核心和精髓，是我国立法、执法、守法和法律监督的指

导思想。社会主义法治理念是中国共产党以马克思主义为指导,在总结社会主义法治建设经验教训和吸收古今中外法治文明成果的基础上,逐步凝练和形成的指导社会主义法治建设的重大理论成果,具有鲜明的政治性、彻底的人民性、系统的科学性和充分的开放性四个基本特征。

社会主义法治理念科学地回答了"什么是社会主义法治国家"和"怎样建设社会主义法治国家"这一重大理论和实践问题,标志着中国共产党对建设社会主义法治国家的规律有了更加深刻的认识和把握,丰富和充实了中国特色社会主义理论体系的内容。社会主义法治理念是新形势下大学法制宣传教育的重点内容,对于大学生法律素质的培养和提高具有重要意义。

有利于促进正确法治观念的形成。大学生不仅要掌握具体的法律知识,更要树立正确的法治观念。由于受社会上一些错误观点的影响,一些人既不清楚法治与人治的区别,也不知道社会主义法治与资本主义法治的区别,甚至把社会主义法治与资本主义法治混为一谈。在高等院校进行社会主义法治理念教育,首要目标和任务就是要帮助大学生在掌握一定法律知识的基础上,树立正确的法治观念。社会主义法治观念是关于什么是社会主义法治、为什么实行社会主义法治、怎样实现社会主义法治的科学认识,确立了大学生应当树立的法治观念,有利于培育大学生的守法意识和护法精神。

有利于理解法律的内在精神。一个国家之所以能够形成一个内部协调的法律体系,就在于其内部包含的法律遵循或体现着共同的法律理念、精神。社会主义法治理念是对中国特色社会主义法律体系内在理念、精神最准确深刻的诠释。社会主义法治理念中的"依法治国"理念概括出了中国特色社会主义法律体系的核心要义,"公平正义"理念概括出了中国特色社会主义法律体系的价值追求。构成中国特色社会主义法律体系的法律都从不同的方面追求和体现着依法治国、公平正义等理念。因此,大学生通过学习和理解社会主义法治理念,能够把握法律的内在精神。

有利于养成依法办事的行为习惯。社会主义法治理念不仅有助于帮助大学生改造内心世界,也有助于帮助大学生塑造新的行为模式。首先,大学生在树立社会主义法治理念的过程中,会进一步增强法治观念,形成自觉依法办事的意识。依法办事的意识越强烈,越有利于养成依法办事的行为习惯。其次,社会主义法治理念本身具有很强的行为指引功能,有助于大学生依法参与公共生活、实施法律行为。

二、社会主义法治理念的基本内容

社会主义法治理念包括依法治国、执法为民、公平正义、服务大局、党的领导等五个方面的基本内容。其中,依法治国是社会主义法治的核心内容,执法为民是社会主义法治的本质要求,公平正义是社会主义法治的价值追求,服务大局是社会主义法治的重要使命,党的领导是社会主义法治的根本保证。

依法治国。依法治国是社会主义法治的核心内容,是党领导人民治理国家的基本方略。依法治国是指广大人民群众在党的领导下,依照宪法和法律规定,通过各种途径和形式管理国家事务和社会事务,管理经济和文化事业,保证国家各项工作都依法进行,逐步实现社会主义民主的制度化、法律化,保障人民依法享有广泛的权利和自由。依法治国基本方略的确立,是中国共产党治国理政观念的重大转变,是发展社会主义市场经济的客观需要,对于建设社会主义民主政治、实现国家的长治久安具有重大意义。

依法治国,就是以宪法和法律作为党领导人民治理国家的基本方式,主要包括四项基本要求:一是科学立法,就是立法机关从实际出发,遵循客观规律,科学合理地规定法律权利、义务和责任,提高立法的民主性、可行性、有效性。二是严格执法,就是行政机关严格依照法定权限和程序行使权力、履行职责,权必由法出,不得法外执法、执法不作为和滥用执法权力,在执法过程中做到有法必依、执法必严、违法必究。三是公正司法,就是司法机关依法独立公正行使司法权。四是全民守法,就是所有公民、社会组织和国家机关自觉以法律为行为准则,依法行使权利、履行义务,承担责任。

执法为民。执法为民是社会主义法治的本质要求,是人民当家作主的社会主义国家性质在法治上的必然反映。坚持执法为民,必须坚持以人为本,强化人权保障观念,切实保护广大人民群众的合法权益,确保执法工作始终保持为人民服务、为社会主义服务的正确方向。

执法为民,包括三项基本要求:一是以人为本,尊重人民群众的法律主体地位,坚持以维护最广大人民群众的根本利益为出发点。二是尊重和保障人权,切实维护公民的各项合法权利。三是文明执法,执法的过程和方式符合法定要求,多运用说服教育、调解疏导等手段,做到仪容整洁、举止文明、态度公允、用语规范,克服执法的简单化、粗糙化、暴力化倾向,保持良好的社会形象。

公平正义。公平正义是社会主义法治建设的根本价值追求,也是中国特色社会主义的内在要求。立法是公平正义的起点,执法是公平正义的保障,司法是公平正义的最后一道防线。只有坚持法律面前人人平等,反对特权、禁止歧视,坚持正当程序,才能真正做到立法公正、执法公正、司法公正,真正维护人民群众的合法权益。

公平正义,主要包括两个方面的基本要求。一是坚持立法公正和执法公正并重。立法公正是执法公正的前提,主要表现为:立法机关按照民主的程序制定法律,充分听取和吸收人民群众的意见;法律充分反映人民的利益和意志,充分体现社会的公正原则和标准。执法公正是立法公正得以实现的重要保障,主要表现为:坚持合法合理原则,保证一切执法活动符合法律规定,符合社会公理;坚持及时、高效的原则,保证所有法律纠纷都能得到及时公正的处理;坚持程序公正的原则,以人们看得见的方式实现公正,使执法过程变为人们感受民主、客观、公平的过程。二是坚持实体公正和程序公正并重。实体公正事关法律权利、义务、责任的设定和分配的结果是否正当合理。程序公正事关法律权利、义务、责任的设定和裁判的过程或程序是否正当合理。实体公正和程序公正密切联系、相互制约，实体公正是程序公正追求的目标，程序公正是实体公正的保障。

服务大局。服务大局是社会主义法治的重要使命，是由建设中国特色社会主义的根本任务所决定的。建设中国特色社会主义的根本任务，是解放和发展生产力，使全体人民摆脱贫穷落后，最终走向共同富裕。这也是广大人民群众的根本利益和共同愿望，是社会主义初级阶段最大的大局。我国社会主义法治的重要使命，就是要保障和服务中国特色社会主义这个大局。

大局代表着国家和全体人民的根本利益，决定和主导着国家、社会生活的各个方面，体现着社会的发展方向和根本要求。把握大局是服务大局的前提条件，围绕大局是服务大局的根本保证。社会主义法治要以服务大局为目标方向，具体工作要以服务大局为基本准则，工作成效要以服务大局为检验标准。

党的领导。党的领导是我国宪法确定的基本原则，是实现社会主义法治的根本保证和强大推动力量。党领导人民制定法律，党也要领导人民执行法律，同时党也要在宪法和法律范围内活动。只有坚持党的领导，发挥党总揽全局、协调各方的领导作用，才能加快推进社会主义民主法治建设，为人民的自由和幸福提供坚实的法治保障。

党对社会主义法治的领导主要是思想领导、政治领导和组织领导。党的思想领导主要是坚持马克思主义在法治领域的指导地位，坚持中国特色社会主义理论体系对法治建设的指导作用。党的政治领导主要是对社会主义法治建设的政治原则、政治方向、重大决策的领导，对社会主义建设的路线、方针、政策的领导。党的组织领导主要是推荐重要领导干部，加强立法机关、行政机关、司法机关党的组织建设，充分发挥党组织的作用。

社会主义法治理念的五个方面是相辅相成、不可分割的整体，体现了党的领导、人民当家作主、依法治国的有机统一，体现了党的事业至上、人民利益至上、宪法法律至上。

三、自觉树立社会主义法治理念

大学生作为中国特色社会主义事业的建设者和接班人，应当在思想上认同社会主义法治理念，在行动上践行社会主义法治理念，在社会上弘扬社会主义法治理念。自觉树立社会主义法治理念，应认识和把握好以下几个方面的关系。

社会主义法治理念与中国传统法律思想的关系。中国是一个有着几千年法律发展史的文明古国，产生过独具特色而又博大精深的法律思想。中国传统法律思想既是社会主义法治理念产生的文化背景和历史土壤，又为社会主义法治理念提供了思想元素和文化资源。但是，社会主义法治理念并不是中国传统法律思想的直接延续，而是对中国传统法律思想的批判吸收。中国传统法律思想所包含的民为邦本、依法治国、礼法并用、法尚公平、援法论罪、宽严相济、慎刑恤罚等诸多思想，在今天依旧具有进步意义和合理价值，已融入社会主义法治理念之中，使社会主义法治理念呈现出民族特色。但由于中国社会所经历的封建制度时期较长，中国传统法律思想也包含着很强烈的封建人治思想。封建人权思想的基本特点是主张君权神授、君主专制、权大于法、义务本位、严刑峻法。我们在继承中国传统法律思想精华的同时，必须坚决反对和摒弃封建人治思想。

社会主义法治理念与资本主义法治思想的关系。社会主义法治理念与资本主义法治思想虽有一定的联系，但存在着根本上的区别。资本主义法治思想起源于古希腊古罗马的法治理论，发端于资产阶级启蒙运动，形成于资产阶级革命的过程中，经历了数百年的历史发展，已具有较完整的理论体系。资产阶级法治思想在反对封建专制、建立资本主义制度中起到了积极的推动作用，对人类法治文明的发展做出过重要贡献。资本主义法治思想的一些有益思想和观点，如人民主权、人权保障、权力制约、法律平等、正当程序、罪刑法定、无罪推定等，对社会主义法治建设具有借鉴意义。但从根本上说，资本主义法治思想是建立在资本主义生产关系基础之上，服务于资产阶级民主法治建设，其根本目的在于维系有利于资产阶级的经济和政治秩序。因此，在借鉴资本主义法治思想的某些合理因素的同时，要清醒地认清社会主义法治理念与资本主义法治思想的根本区别，认清资本主义法治思想的实质，有力抵御其中错误思想观点的侵蚀。

党的领导与依法治国是有机统一的。一方面，依法治国是党领导人民治理国家的基本方略，坚持党的领导是社会主义法治的根本保证；另一方面，依法执政是党执政的基本方式，党领导人民制定宪法和法律，又必须自觉遵守宪法和法律，带头维护宪法和法律的权威。值得指出的是，在如何理解和处理党的领导和依法治国的关系上，我们经历了曲折的历史过程，曾发生过较大的失误。改革开放以来，我国宪法和中国共产党党章先后确立了“党必须在宪法和法律范围内活动”的基本原则。2002 年党的十六大从改革和完善党的领导方式和执政方式出发，明确提出党要坚持依法执政，不仅要求党必须在宪法和法律的范围内活动，而且要求党的领导和执政行为要纳入法治轨道。

服务大局与依法治国是有机统一的。服务大局不是不按照法律办事，而是运用法律的手段服务大局，按照法治的方式服务大局。依法正确履行职责是执法机关和执法人员服务大局的基本要求。一方面，依法履行职责的根本目的是保障和服务大局，不能不顾大局去发挥职能，割裂法治建设与改革发展、与党和国家大局的关系，脱离目标方向孤立地看待、推进法治工作；另一方面，服务大局的重要手段和前提是依法正确履行职责，不能违反法律规定去服务大局，脱离法定职权势必会导致胡乱作为、滥用权力，影响和妨碍大局。那种以服务大局为理由不依法办事，实际是把地方、行业、部门的局部工作和利益置于大局之上的行为，不但破坏了社会主义法制的统一，而且背离与妨碍了党和国家的大局。

第三节 维护社会主义法律权威

社会主义法律在国家和社会生活中具有尊严和权威,这是建设社会主义法治国家的前提条件。包括大学生在内的每个公民都有义务和责任树立并维护社会主义法律的权威。但是真正的权威来自人内心对法的敬畏。因此,社会主义法律权威应表现为内在的法治思维方式和外在的行为敬畏。

一、培养正确的法治思维方式

社会主义法治国家建设的进程能否顺利推进,在一定程度上要看社会主义法治思维能否深入人心。我国法制宣传教育的任务不仅包括宣传和普及法律知识,而且包括努力培养公民的法治思维方式。大学生不仅要准确地掌握基本法律知识,更应该把握法治思维的基本含义和特征,正确理解法治建设的基本关系,逐步培养法治思维方式,形成运用法治思维分析和解决问题的能力。

(一)法治思维方式的基本含义

法治思维方式指的是人们按照法治的理念、原则和标准判断、分析和处理问题的理性思维方式。法治思维方式相对于人治思维方式,两者有着根本的不同,包含法律、权力、权利、程序四个基本要素。

法律至上。法治思维强调法律是治国理政的最高准则,具体表现为法律的普遍适用性、优先适用性和不可违抗性。

权力制约。国家权力是人民所赋予的,应为人民而行使,因此权力运行必须受到有效制约和监督。权力制约原则可以概括为:职权由法定、有权必有责、有权受监督、违法受追究四项要求。

人权保障。人权是人作为人所享有或应当享有的权利。法律的重要使命就是充分尊重和保障人权,不得以任何借口侵犯人权。人权的保障包括宪法保障、立法保障、行政保护和司法救济。司法救济是人权保障最后的防线,它为解决私人之间的人权纠纷提供了有效渠道,是纠正和遏制行政机关侵犯人权的有力机制,也是排除反人权立法的重要手段。

程序正当。程序具有独立的价值和意义,程序正义与实体正义同等重要。人们应当通过正当程序追求实体公正的结果。只有按照正当程序处理纠纷,处理结果才具有公信力和权威性。违反正当程序,往往会导致实体不公正的处理结果。正当程序具有中立性、参与性、公开性和时限性等基本特征。

(二)正确理解法治思维方式

培养法治思维方式,要正确认识和把握社会主义民主与法治、权利和权力、权利和义务、自由与平等、实体与程序的关系。

民主与法治的关系。民主是指实行按照多数人的意志进行决定的社会活动机制。社会主义民主和法治是社会主义的重要特征。一方面,社会主义民主是社会主义法治的基础,决定这社会主义法治的性质和内容。另一方面,社会主义法治是社会主义民主的保障,是社会主义民主的重要实现途径。

权利和权力的关系。权利和权力之间的关系主要表现为:第一,权力来源于权利。国家的一切权力来源于人民,国家机构的权力是由人民所赋予的。第二,权力服务于权利。设立国家权力的目的,在于为人民服务、为权利服务。第三,权力应当以权利为界限。法律所授予的权利是权利主体自主支配自己的行动和财产的自治领域。第四,权力必须受到权利的制约。公民的权利就是国家的义务,公民通过行使知情权、参与权、表达权、监督权等政治权利,防止国家权力的滥用和异化。

权利和义务的关系。权利和义务是法律问题的核心,法治思维是一种关于法律权利与法律义务关系的思维。法律权利与法律义务之间的关系可以概括为:第一,结构上的相关关系。法律权利和法律义务是对立统一的,它们是法律中两个分离的、相反的成分和因素,两者又相互依存，相互贯通。第二，总量上的等值关系。法律权利和法律义务在总量上总是等值的。原因是一个社会的法律权利总量和法律义务总量是相等的，在具体法律关系中，法律权利和法律义务互相包含。第三，功能上的互补关系。法律权利和法律义务各有其独特的、总体上又是相互补充的功能。

自由与平等的关系。我国宪法明确规定："中华人民共和国公民在行使自由和权利的时候，不得损害国家的、社会的、集体的利益和其他公民的合法的自由和权利。"树立正确的自由和平等观念，协调自由与平等的关系，是法治思维的内在要求。法律上的自由观念最为核心的内容是依法享有和行使自由的观念。每个公民既善于行使和运用宪法、法律所赋予的自由权，充分表达和实现个人的意愿与追求，又要严格依照宪法、法律所规定的各种制度和程序行使自由权，不得超越法定的范围和界限。

实体与程序的关系。中国传统的观念是"重实体、轻程序"。这种观念不仅存在于普通民众的头脑中，也体现在执法司法活动中。要培养法治思维，必须正确理解和处理实体与程序的关系，两者的关系主要表现为：一是实体法和程序法的关系，两者相辅相成、不可分离、相互包容。二是实体公正和程序公正的关系。这两者是保障法律公正不可偏废的两个方面。追求实体公正，不能以违背或破坏程序为代价，要防止只求结果、不要过程、省略程序、违反程序等问题。强调程序公正，绝不意味着放弃对实体公正的追求，不能脱离实体公正搞所谓的程序至上或者程序优先，要避免只求过程不重结果。

（三）培养法治思维方式的途径

大学生可以通过学习法律知识、掌握法律方法、参与法治实践等途径，在日常生活中逐渐形成思考、分析、解决法律问题的法治思维方式。

学习法律知识。学习和掌握基本的法律知识，是培养法治思维方式的前提。一个对法律知识一无所知的人，不可能形成法治思维方式。法律知识通常包括法律、法规以及法律原理等方面的知识。大学生可以通过收听收看广播电视节目、阅读法律类书籍报刊等途径学习法律知识。

掌握法律方法。法律方法是人们按照法治的要求思考、分析和解决法律问题的方法。法律方法是法治思维的基本要素，法治思维的过程就是运用法律方法思考、分析和解决法律问题的过程。如果要培养法治思维方式，必须掌握法律方法。大学生了解和掌握一些基本的法律方法，有助于培养法治思维。

参与法律实践。法学是一门应用性学科，法治思维需要在法律实践中训练、培养和应用，方能形成。脱离具体的法律生活和法律实践，不可能养成法治思维方式。大学生可以通过多种途径参与法律实践，在实践中运用法律知识和方法，才能逐步养成自觉的法治思维习惯。一是参与立法讨论；二是进行法律监督；三是旁听司法审判，人民法院大部分案件都是公开审判的，允许公民旁听，大学生可以申请旁听法院的审理过程，了解法律案件的审判过程；四是参与法律问题讨论，新闻媒体、互联网和其他机构经常组织有关法律问题的讨论，大学生也可以参加此类讨论，训练法治思维能力。

二、树立和维护法律权威

法律权威是就国家和社会管理过程中法律的地位和作用而言的，是指法律的不可违抗性。法律权威意味着：法律在众多社会规范中居于主导地位，不得以政策、道德和习俗等社会规范代替法律；社会主体的一切行为都要以法律为最高权威。法律权威的树立主要依靠法律的外在强制力和内在说服力。法律的外在强制力是法律权威的外在条件，主要表现为国家对违法行为的制裁。尽管法律权威不可能完全建立在外在强制力的基础之上，但必要的外在强制力，是树立法律权威不可缺少的条件。法律的内在说服力是法律权威的内在基础。如果仅仅依靠外在强制力，法律不可能形成真正的权威。法律的内在说服力既来源于法律本身的内在合理性，如合乎情理、维护正义、提高效率，也来源于法律实施过程的合理性，如执法公平、司法公正。正是由于法律本身及法律实施具有这些内在合理性，法律才受人尊重、被人信赖、为人遵守。

树立和维护法律权威，是社会主义法治理念和法治思维的核心要求，是建设社会主义民主政治和法治国家的前提条件。新中国成立以来，我国民主法治建设的发展历程表明，法律与国家前途、人民命运息息相关。树立法律权威，就是捍卫党和人民共同意志的尊严。保证法律实施，就是保证人民根本利益的实现。只要我们切实尊重与有效实施法律，人民当家作主就有保证，党和国家的事业就能顺利发展。反之，如果法律受到漠视、削弱甚至破坏，人民的权利和自由就无法保证，党和国家的事业就会遭受挫折。

在当代中国，树立法律权威对于建设社会主义法治国家、实现国家的长治久安具有非常重要的意义。法律权威是国家稳定的坚实基础。当国家的最高权威是领导者个人时，政治的稳定、国家的兴衰就将寄托于领导者个人身上。随着领导者的更迭，国家的政局就有可能大起大落，政策与法律也会频繁变动。而当国家的最高权威是法律时，由于法律是一种超越于任何个人之上的普遍性规则，并且具有稳定性和连续性，尽管领导者会变动和更迭，但政治统治与社会秩序依旧会保持相对的稳定性和连续性。

三、大学生要做法律权威的坚定维护者

法律既是所有政党、国家机关、社会团体的行为规范，也是公民个人的行为规范。因此，维护法律权威，既是执政党和国家机关的神圣使命，也是公民个人的崇高使命。对于公民个人来说，既要增强法律意识，按照法律的规定行事，又要自觉尊重和维护法律的权威，成为法律权威的坚定维护者。对于大学生来说，至少应做到以下三个方面。

树立法律信仰。一个人只有从内心深处真正认同、信任法律的正义性和权威性，才会形成对法律的信仰，进而自觉维护法律权威。大

学生应当通过认真学习法律知识,深入理解法律在国家生活和社会生活中的重要作用,真正认同、信任我国法律的正义性和权威性,从而树立起对我国法律的坚定信仰。

引导他人尊重法律权威。大学生在自己学习和掌握法律知识的同时,还要向他人宣传法律,帮助和引导他人尊重法律权威。特别是要宣传社会主义法治理念,帮助人们彻底根除“权大于法”等封建人治思想,宣传我国法律的优越性和合理性,使人们了解、认同我国的法律制度,从而推动全社会形成尊重和维护法律权威的良好风尚。

敢于同各种违法犯罪行为作斗争。违法犯罪行为既是对社会秩序的破坏,也是对法律权威的蔑视。大学生不仅要有强烈的守法意识,自觉遵守国家法律,也要有强烈的社会责任感,增强护法意识,要敢于和善于同违法犯罪行为作斗争,自觉维护法律的权威。同违法犯罪行为作斗争的方式是多种多样的,既包括事前采取有效措施预防违法犯罪行为的发生,也包括事中和事后制止、申诉、检举、揭发违法犯罪行为。

阅读书目

1. 中共中央政法委员会:《社会主义法律理念读本》,中国长安出版社 2009 年版。

2. 苏力:《法治及其本土资源》,中国政法大学出版社 2004 年版。

3. 徐爱国:《名案中的法律智慧》,北京大学出版社 2005 年版。

学习思考

1. 如何理解社会主义法律体系？
2. 法治思维的基本特征是什么？
3. 大学生应如何在生活实践中维护法律权威？

第七章　了解法律制度　自觉遵守法律

宪法就是一张写着人民权利的纸。

——列　宁

在民主的国家里，法律就是国王；在专制的国家里，国王就是法律。

——马克思

真想解除一国的内忧应该依靠良好的立法，不能依靠偶然的机会。

——亚里士多德

《中华人民共和国宪法》是我国的根本大法，是治国安邦的总章程，是保持国家统一、民族团结、经济发展、社会进步和长治久安的法律基础，是中国共产党执政兴国、团结带领全国各族人民建设中国特色社会主义的法制保证。实体法律制度主要是规定法律关系主体的权利和义务或职权和职责的法律制度的总称。我国的实体法律制度主要包括民事法律制度、刑事法律制度、行政法律制度、经济法律制度等。程序法是实体法所规定的法律关系主体的权利和义务实现的重要保障。它的主要功能在于及时、恰当地为实现权利、行使职权和履行义务提供必要的规则、方式和秩序。

大学生在培养和提高法律素质的过程中，不仅要从一般原理角度领会我国社会主义法律精神，而且要了解我国宪法规定的基本制度、重要的实体法律制度和程序法律制度，掌握基本的法律知识，并在实践中养成遵纪守法的习惯,增强维护法律尊严的责任感。这对于同学们增强法治观念,扩大有序政治参与,促进自身的发展具有重要的意义。

第一节 我国宪法确立的基本原则和制度

宪法是法律的组成部分,具有法律的共性。但是宪法不同于普通法,它在法律体系中居于核心地位、起统率作用,是一个国家法制的基础和核心。了解宪法的特征和原则,对深入理解宪法,把握中国特色社会主义法律体系具有重要意义。

一、我国宪法的特征和基本原则

(一)我国宪法的特征

在内容上,宪法规定一个国家最根本、最重要的问题。我国宪法明确规定国家的性质、国家的政权组织形式和国家的基本国策、公民的基本权利和义务、国家机构的组织及其职权等最重要的问题。这些规定不仅反映着一个国家政治、经济、文化和社会生活等各个方面的主要内容及其发展方向,而且从社会制度和国家制度的根本原则上规范着整个国家的活动。其他法律所规定的内容通常只是国家生活中的一般性或具体领域的问题。宪法序言明确规定:本宪法以法律的形式确认了中国各族人民奋斗的成果,规定了国家的根本制度和根本任务,是国家的根本法,具有最高法律效力。

在法律效力上,宪法拥有最高的法律效力。所谓法律效力,是指法律所具有的约束力和强制力。国家的任何法律都应具有法律效力,宪法的法律效力高于普通法律,在国家法律体系中处于最高的法律地位。宪法的最高法律效力主要包括三个方面的含义:宪法是制定普通法律的依据,普通法律是由宪法派生的。立法机关在立法时必须以宪法的规定为依据,使法律具有合宪性;任何普通法律、法规都不得与宪法的原则和精神相违背,违宪法律无效。我国宪法明确规定,一切法律、行政法规和地方性法规都不得同宪法相抵触;宪法是一切国家机关、社会团体和全体公民的最高行为准则。我国宪法规定:"全国各族人民、一切国家机关和武装力量、各政党和各社会团体、各企业事业组织,都必须以宪法为根本的活动准则,并且负有维护宪法尊严、保证宪法实施的职责。"

在制定和修改的程序上,宪法比其他法律更加严格。严格宪法的制定和修改程序,是保障宪法权威和尊严的重要环节。具体来说,制定和修改宪法的机关,往往是依法特别成立的,而并非普通立法机关。通过或批准宪法或者其修正案的程序,往往严于普通法律,一般要求由制宪机关或者国家立法机关成员的三分之二以上或者四分之三以上的多数表决通过,才能颁布施行,而普通法律则只要立法机关成员的过半数通过即可。我国现行宪法第六十四条第一款规定:"宪法的修改,由全国人民代表大会常务委员会或者五分之一以上的全国人民代表大会代表提议,并由全国人民代表大会以全体代表的三分之二以上的多数通过。"

(二)我国宪法的基本原则

宪法基本原则是指人们在制定和实施宪法过程中必须遵循的最基本的准则,是贯穿立宪和行宪的基本精神。

党的领导原则。中国共产党是中国特色社会主义事业的领导核心,党的领导是人民当家作主的根本保证。中国共产党作为执政党就是保障人民当家作主,最广泛地动员和组织人民群众依法管理国家和社会事务,管理经济和文化事业,维护和实现最广大人民的根本利益。我国宪法对中国共产党领导地位和执政地位的规定,既是对党领导人民进行革命、建设和改革历史经验的总结和胜利成果的确认,也是对我国国体和社会主义制度的确认,集中体现了党的主张和人民意志的统一。

人民主权原则。宪法第一条第一款明确规定:"中华人民共和国是工人阶级领导的、以工农联盟为基础的人民民主专政的社会主义国家。”同时，第二条规定：“中华人民共和国的一切权力属于人民。”

宪法对公民基本权利和义务的规定是人民主权原则的具体体现。我国宪法规定了选举制度的基本原则，并以选举法给予保障。宪法同时规定实现人民主权的具体形式与途径，如宪法第二条规定：“人民行使国家权力的机关是全国人民代表大会和地方各级人民代表大会；人民依照法律规定，通过各种途径和形式，管理国家事务，管理经济和文化事务，管理社会事务。”

基本人权原则。从《共同纲领》开始，我国宪法都规定公民的基本权利与义务，特别是 2004 年规定“国家尊重和保障人权”的宪法原则后，基本人权原则表现为国家的基本价值观。除规定尊重和保障基本人权原则外，我国宪法还规定了公民参与国家政治生活的权利和自由、公民的人身自由和信仰自由、公民社会经济文化方面的权利等公民的基本权利。特别是，根据我国社会发展的实际情况，为基本权利的实现提供了经济、社会与文化的保障，使基本权利的实现具有制度保障基础。

法治原则。我国宪法修正案第十三条规定“中华人民共和国实行依法治国，建设社会主义法治国家”，其中的“法治国家”既包括实质意义的法治，也包括形式意义的法治要素，是一种综合性的概念，体现了维护宪法秩序的基本要求。宪法体系上的法治国家规定了法治秩序的原则和具体程序，形成政治统一体价值，保障国家权力运作的有序化。在宪法体系中法治国家的原理具体通过法治主义的实质要素与法治主义的形式要素得到体现。

民主集中制原则。我国宪法规定，中华人民共和国的国家机构实行民主集中制的原则。国家权力统一由全国人民代表大会和地方各级人民代表大会行使，全国人民代表大会和地方各级人民代表大会由民主选举产生，对人民负责，受人民监督。广大人民的共同意志通过这种民主形式集中起来，并通过各种法定程序上升为国家意志。国家行政机关、审判机关、检察机关都由人民代表大会产生,对它负责,受它监督。中央和地方国家机构的划分及其活动,遵循在中央统一领导下,充分发挥地方的主动性、积极性的原则。

二、我国的国家制度

国家制度是宪法和法律所确认和规定的关于国家性质和国家形式制度的总称。它包括过国体和政体两个方面。我国的国家制度主要包括人民民主专政制度、人民代表大会制度和基本经济制度。

(一)人民民主专政制度

我国现行宪法第一条第一款规定:“中华人民共和国是工人阶级领导的、以工农联盟为基础的人民民主专政的社会主义国家。”人民民主专政的理论与实践则充分表明,共产党领导的多党合作和政治协商制度与爱国统一战线是我国人民民主专政的主要特色。第八届全国人大第一次会议通过的宪法修正案第四条规定:“中国共产党领导的多党合作和政治协商制度将长期存在和发展。”

共产党领导的多党合作和政治协商制度。中国共产党领导的多党合作和政治协商制度是中国共产党领导中国人民长期奋斗的成果和历史选择,是我国人民民主专政的突出特点和优点,它在根本上区别于西方国家的两党制和多党制,也有别于前苏联等社会主义国家的一党制,它是最能确保人民民主专政有效实施的政治制度。在这种制度体系中,中国共产党是社会主义事业的领导核心,是执政党;各民主党派是接受中国共产党领导的、同中国共产党通力合作、共同致力于社会主义事业的亲密友党,是参政党;坚持中国共产党的领导,坚持四项基本原则,是中国共产党同各民主党派合作的政治基础;长期共存、互相监督、肝胆相照、荣辱与共是中国共产党同各民主党派合作的基本方针。

爱国统一战线。统一战线是我国新民主主义革命和社会主义革命时期,中国共产党为取得革命和建设的胜利,而与各阶级组成的政治联盟,它是我国人民民主专政的又一主要特色。我国新时期的爱国统一战线是由中国共产党领导的,有各民主党派和各人民团体参加的,包括全体社会主义劳动者、社会主义事业的建设者、拥护社会主义的爱国者和拥护祖国统一的爱国者的广泛的政治联盟。它的任务主要有:一是为把我国建设成为富强、民主、文明、和谐的社会主义现代化国家而努力奋斗;二是争取台湾回归祖国,实现祖国和平统一的大业;三是为维护世界和平做出新的贡献。它的组织形式是中国人民政治协商会议,简称“政协”。从本质上讲,政协不是国家机关,但是它同我国国家权力机关的活动有着极为密切的联系。

（二）人民代表大会制度

在我国,人民代表大会制度是指拥有国家权力的人民根据民主集中制原则,通过民主选举组成全国人民代表大会和地方各级人民代表大会,并以人民代表大会为基础,建立国家机构,对人民负责,受人民监督,以实现人民当家作主的政治制度。

我国宪法明确规定,国家的一切权力属于人民;人民行使国家权力的机关是全国人民代表大会和地方各级人民代表大会;国家行政机关、审判机关和检察机关都由人民代表大会产生,对它负责,受它监督。人民代表大会制度的特点有四个方面:首先,国家的一切权力属于人民是人民代表大会制度的逻辑起点。人民代表大会制度全面反映了人民同国家的关系,体现了主权在民原则。其次,选民民主选举代表是人民代表大会制度的前提。由选民通过民主选举程序选举产生人大代表,组成各级人民代表大会,行使国家权力,构成了人民代表大会制度的前提和基础。再次,以人民代表大会为基础建立国家机构是人民代表大会制度的核心。无论在国家机构的建立还是运行过程中,我国的人民代表大会始终处于主导地位。也正是因为以人民代表大会为基础建立国家机构,才真正全面地保证了国家机构始终以实现人民的意志和利益为宗旨,始终以保障人民当家作主为目标。最后,对人民负责、受人民监督是人民代表大会制度的关键。我国宪法规定，全国人大代表和地方各级人大代表都由选民选举产生，对人民负责，受人民监督。否则，人大代表就可能脱离人民，违背人民的意志和利益，从而使人民代表大会制度改变性质。

(三)基本经济制度

经济制度是指一国通过宪法和法律调整以生产资料所有制形式为核心的各种基本经济关系的规则、原则和政策的总称。我国现行宪法第六条第一款规定："中华人民共和国的社会主义经济制度的基础是生产资料的社会主义公有制，即全民所有制和劳动群众集体所有制。"生产资料的社会主义公有制决定了我国社会主义经济制度的本质特征，是保障工人阶级实现对国家的领导和加强工农联盟的基础。

全民所有制经济即国有经济，是指由代表人民利益的国家占有生产资料的一种所有制形式。集体所有制经济是指生产资料归集体经济组织内的劳动者共同所有的一种所有制形式。它的特点在于，生产资料是集体经济组织的公共财产，劳动者之间存在着互助合作关系，但劳动者同生产资料的结合仅限于集体经济组织范围之内。宪法修正案第十六条规定："在法律规定范围内的个体经济、私营经济等非公有制经济，是社会主义市场经济的重要组成部分。"这样，在我国就形成了以公有制为主体、多种所有制经济共同发展的基本经济制度。

三、我国公民的基本权利与基本义务

我国公民享有的权利和自由极其广泛，宪法对公民基本权利和自由的规定是从我国现阶段经济文化发展水平的实际状况出发的，是切实可行的。

(一)公民的基本权利

公民的基本权利是指由宪法规定的公民享有的主要的、必不可少的权利。我国宪法第五十一条对基本权利的限制目的作了如下表述："中华人民共和国公民在行使自由和权利的时候，不得损害国家的、社会的、集体的利益和其他公民的合法的自由和权利。"这一条是对公民行使自由和权利的总的限制性规定,同时也表明限制的基本目标。

平等权是我国宪法赋予公民的一项基本权利,是公民其他一切权利实现的基础,也是我国社会主义法制的一项基本原则。所谓平等权,是指公民依法平等地享有权利,不受任何差别对待,要求国家给予同等保护的权利。平等权的基本内容有:法律面前一律平等;禁止差别对待;平等权与合理差别。

政治权利和自由是公民作为国家政治主体而依法享有的参加国家政治生活的权利和自由。包括公民参与国家、社会组织与管理活动的选举权、被选举权,以及公民在国家政治生活中依法发表意见,表达意愿的言论、出版、集会、结社、游行和示威的自由。

宗教信仰自由是指公民依据内心的信念,自愿地信仰宗教的自由。其含义包括:公民有信教或者不信教的自由,有信仰这种宗教或者那种宗教的自由,有信仰同一宗教中的这个教派或那个教派的自由,有过去信教现在不信教或者过去不信教而现在信教的自由。

人身自由包括广义和狭义两方面。狭义的人身自由主要指公民的身体不受非法侵犯,广义的人身自由则还包括与狭义人身自由相关联的生命权、人格尊严、住宅不受侵犯、通信自由和通信秘密等与公民个人生活有关的权利和自由。人身自由是公民具体参加各种社会活动和实际享受其他权利的前提。

社会经济权利是指公民根据宪法规定享有的具有物质经济利益的权利,是公民实现基本权利的物质保障。具体包括财产权、劳动权,劳动者休息的权利、获得物质帮助的权利等。

文化教育权利是公民根据宪法的规定,在教育和文化领域享有的权利和自由。除财产权和继承权外,公民的社会经济、文化教育权利都属于公民的积极受益权,即公民可以积极主动地向国家提出请求、国家也应积极予以保障的权利。

(二)公民的基本义务

我国宪法规定的公民的基本义务主要有两个层面:一是作为国家

的公民应履行的义务。包括保守国家秘密，维护国家统一和民族团结，维护祖国的安全、荣誉和利益，保卫祖国，依法服兵役和参加民兵组织等。二是作为普通公民应尽的义务。包括遵守宪法和法律，爱护公共财产，遵守劳动纪律，遵守公共秩序，遵守社会公德，依法纳税，以及参加劳动、受教育、夫妻双方执行计划生育、父母抚养教育未成年子女、成年子女赡养扶助父母等义务。

第二节　我国的实体法律制度

一、我国的民事法律制度

我国民法通则第二条规定：中华人民共和国民法调整平等主体如公民之间、法人之间、公民和法人之间的财产关系和人身关系。即民法调整的对象就是平等主体之间的人身关系和财产关系。

（一）民事法律关系的概念和要素

民事法律关系是由民法规范调整的、以权利义务为内容的社会关系，它包括人身关系和财产关系。生活事实层面的社会关系经由民法规范调整后，被赋予权利义务内容，就此转化为法律关系。所以，民事法律关系的形成，是民法使社会关系秩序化的实现过程。

民事法律关系的要素包括：主体、客体和内容。民事法律关系的主体是指参与民事法律关系、享有民事权利和承担民事义务的人。民事法律关系的客体主要有：物、行为、智力成果。民事法律关系的内容指主体之间基于客体所形成的具体联系，即民事权利和民事义务。

民事权利按照不同的分类标准可以进行不同的划分，依据民事权利的客体所体现的利益为标准，可以划分为：财产权、人身权。人身权是以人身之要素为客体的权利。人身权所体现的利益与人的尊严和人际的血缘联系有关，故人身权与其主体不可分离。人身权可以进一步划分为人格权和身份权。财产权是以具有经济价值的利益为客体的权利。财产权与人身权不同，财产权可以予以经济评价，并可转让。

以权利的效力和内容为标准,财产权还可以进一步划分为物权、债权和继承权。物权是支配物并具有排他性效力的财产权;债权是得请求债务人为特定行为的财产权;继承权是按遗嘱或法律的直接规定承受被继承人遗产的权利。

(二)物权

物权是权利主体直接支配特定财产的权利,既具有人对物直接支配的内容,又具有对抗权利主体以外的第三人的效力。因此,作为一个法律范畴,物权是指权利人对特定的物享有直接支配和排他的权利,包括所有权、用益物权和担保物权。物权具有以下法律特征。

首先,物权是权利人直接支配物的权利。所谓直接支配物,是指物权人可以依自己的意志就标的物直接行使其权利,无须他人的意思或者义务人行为的介入。权利人的支配可以通过民事行为来实现,如房屋所有人出卖、出租自己的房屋,或者在自己的房屋上设定抵押权等;也可以通过事实行为来实现,如房屋所有人自行居住。

其次,物权是权利人直接享受物的利益的权利。物权作为财产权,是一种具有物质内容的、直接体现为财产利益的权利。物的利益,以权利人对于标的物的直接支配与享受为特点,可以分为三种:一是物的归属;二是物的利用;三是就物的价值而设立的债务的担保。

最后,物权是排他性的权利。物权为权利人直接支配物的权利,故必然具有排他性。一是物权人有权排除他人对物上权利之行使的干涉,可以对抗一切不特定的人,所以物权是一种对世权。二是同一物上不许有内容不相容的物权并存。物权的排他性,说明了物权不仅是人对于物的关系,而且还具有人与人的关系。但在共有关系上,只是几个共有人共同享有一个所有权,并非一物之上有几个所有权。在担保物权中,一物之上可以设定两个以上的抵押权,先设立的抵押权优先于后设立的抵押权,有先后次序的不同。因此,共有关系和两个以上抵押权的并存与物权的排他性并不矛盾。

(三)债权

债是按照合同的约定或者依照法律的规定,在当事人之间产生的特定的权利和义务关系。债是特定当事人之间请求为一定给付的民事法律关系。在债的关系中,一方享有请求对方为一定给付的权利,即债权,该方当事人称为债权人;另一方承担向对方给付的义务即债务,该方当事人称为债务人。债的内容,是指债的主体所享有的权利和承担的义务,即债权和债务。

债权是债权人享有的请求债务人为特定行为的权利。债权具有以下特征:债权请求权;债权为相对权;债权具有相容性和平等性;债权为有期限权利。债权包含有给付请求权、给付受领权、债权保护请求权、处分权能。

债务是指债务人依当事人约定或法律规定应为特定行为的义务。债务的内容可表现为实施特定的行为(作为义务),也可以表现为不实施特定的行为(不作为义务)。债务的本质是债务人负担的不利益。债务的履行,一方面使债权人的利益得以实现,另一方面又使债务人失去既有利益,处于不利益状态。多数情况下,债的当事人同时既为债权人,又为债务人,一方面通过债权的实现获得利益,另一方面又因履行债务失去既有的利益,通过这种平等互利的对待给付分别获得各自利益的满足。

债的发生原因也称债的发生根据,是指引起债的关系产生的法律事实。债的发生原因可分为两类:一是合同,二是法律规定。实际上,除合同外,其他的法律行为也可以发生债的关系,例如遗嘱。因此通说认为,债的发生原因依其是否基于当事人的意思而发生,可划分为法律行为和法律规定两大类,前者称为意定之债,后者称为法定之债。在各国民法中,可引起债的产生的法律事实主要有以下几种:合同、单方允诺、侵权行为、无因管理、不当得利等。

二、我国的刑事法律制度

刑法是以国家名义颁布的,规定犯罪及其法律后果(主要是刑罚)的法律规范的总和。1979 年 7 月 1 日,全国人民代表大会第二次会议通过了新中国第一部刑法典,该法典自 1980 年 1 月 1 日起施行。此后,立法机关先后颁布了 20 多个单行刑法,非刑事法律中也有许多罪刑规范。1997 年 3 月在第八届全国人民代表大会第五次会议对旧的刑法典进行了修订,形成了新的刑法典。

(一)刑法

刑法有其特有属性。刑法是规定犯罪及其法律后果的法律规范,而其他法律规定的都是一般违法行为及其法律后果。一般部门法都只是调整和保护某一方面的社会关系,而刑法所调整和保护的社会关系相当广泛。一般部门法对一般违法行为也适用强制方法,但其严厉程度轻于刑法所规定的刑罚。刑法具有补充性,即只有当一般部门法不能充分保护某种社会关系时,才由刑法保护;只有当一般部门法还不足以抑制某种危害行为时,才能适用刑法。刑法是其他法律的保障法,即其他法律调整的社会关系和保护的合法权益,也都借助于刑法的调整和保护。刑法本身所具有的,贯穿于刑法始终,必须得到普遍遵循的具有全局性、根本性的准则,就是刑法的基本原则。我国刑法明文规定了三个基本原则:罪刑法定原则、平等适用刑法原则、罪刑相适应原则。

(二)犯罪

犯罪是具有社会危害性、刑事违法性与应受刑罚处罚性的行为。因此,判定一个行为是否犯罪,可以依据社会危害性、刑事违法性、应受刑罚处罚性的三个基本特征。

犯罪构成是刑法规定的,决定某一行为的社会危害性及其程度,而为该行为成立犯罪所必须具备的一切客观要件与主观要件的有机整体。犯罪构成与犯罪概念既有联系又有区别。犯罪概念从宏观上揭示犯罪的本质与基本特征,犯罪构成是认定犯罪的具体法律标准;

犯罪概念是犯罪构成的基础,犯罪构成是犯罪概念的具体化。

犯罪构成要件是犯罪构成的组成要素,即要件的总和形成犯罪构成。犯罪构成由客观要件、主体要件与主观要件有机统一而组成。犯罪客体是刑法所保护而为犯罪行为所侵犯的社会主义社会关系(或法益)。对于犯罪客体,应当从两个侧面理解和把握。一方面,犯罪客体表明了刑法的目的,即刑法的目的是为了犯罪客体。犯罪客观要件是刑法规定的,说明行为对刑法所保护的社会主义社会关系的侵犯性,而为成立犯罪所必须具备的客观事实特征;它说明某种犯罪是通过什么行为、在什么情况下对刑法所保护的社会关系造成了什么后果。另一方面,犯罪客体表明了犯罪的本质,即犯罪的本质是侵犯法益。犯罪主体一般来说是指刑法规定的实施犯罪并且承担刑事责任的人(包括自然人与单位)。事实上,犯罪主体这一概念存在两种含义:一是指已经实施了刑法所规定的犯罪的行为人即犯罪人;二是指犯罪主体的条件,即具备何种条件才能成为犯罪主体,才可能承担刑事责任。犯罪主观要件,是指刑法规定成立犯罪必须具备的、犯罪主体对其实施的危害行为及其危害结果所持的心理态度。犯罪心理态度的基本内容是故意与过失(合称为罪过),此外还有犯罪目的与动机。

排除犯罪的事由,是指行为人的行为虽然在客观上造成了一定损害结果,表面上符合某些犯罪的客观要件,但实际上没有犯罪的社会危害性,并不符合犯罪构成,依法不成立犯罪的事由。如正当防卫、紧急避险等。

刑罚体系是指国家的刑事立法以有利于发挥刑罚的积极功能、实现刑罚目的为指导原则,选择刑种、实行分类并依其轻重程度排成的序列。包括主刑(管制、拘役、有期徒刑、无期徒刑与死刑)和附加刑(罚金、剥夺政治权利与没收财产)。

三、我国的行政法律制度

行政法是关于行政的法律制度,是我国法律体系中的一个部门法。与其他许多部门法一样,行政法是人们按照它所调整的社会关系,对规定在各类法律文件中的法律规范进行划分的结果。行政法的基本原则概括为:合法行政原则、合理行政原则、程序正当原则、高效便民原则、诚实守信原则和权责统一原则。

(一)具体行政行为的效力

法律效力是具体行政行为法律制度中的核心因素。评价具体行政行为合法与否的实际意义,就在于对其法律效力的影响。

具体行政行为的效力可以分为若干种,一般包括拘束力、执行力和确定力。拘束力是指具体行政行为一经生效,行政机关和对方当事人都必须遵守,其他国家机关和社会成员必须予以尊重的效力。确定力是指具体行政行为不再争议、不得更改的效力,具体行政行为因此取得不可撤销性。执行力是指使用国家强制力迫使当事人履行义务或者以其他方式实现具体行政行为权利义务安排的效力。这是具体行政行为具有国家意志性的体现。

(二)行政复议的范围

确定行政复议范围有两个方面,第一是可以受理的事项,第二是行政复议的排除事项。可以受理的事项,首先是行政复议保护的行政相关人合法权益。行政复议法将公民、法人和其他组织的合法权益都纳入保护范围,不再限于人身权和财产权。在此之前的行政复议主要保护公民、法人和其他组织的人身权和财产权。其次是受到行政复议审查的侵权行政行为。行政机关的许多行为都可能侵害公民、法人和其他组织的合法权益,行政复议所针对的主要是具体行政行为,还有一部分抽象行政行为。

行政复议法比过去缩小了行政复议排除事项范围。原来行政复议条例规定的排除事项要多一些,包括国防、外交等国家行为;行政法规、规章和有普遍约束力的决定命令;对行政机关工作人员的奖惩、任免等决定;对民事纠纷的仲裁调解或者处理不服的,但是对土地、矿产、森林等资源所有权或者使用权归属的处理决定例外。

现在行政复议的排除事项仅仅限于以下两个方面:第一,行政机关的行政处分或者其他人事处理决定。对这些决定引起的争议,按照法律、行政法规的规定提出申诉。这里所说的法律法规,主要是指公务员法等。第二,行政机关对民事纠纷做出的调解或者其他处理,对这些处理引起的争议,当事人可以依法申请仲裁或者向人民法院提起诉讼。行政机关处理的民事纠纷,包括乡政府和城镇街道办事处的司法助理员、民政助理员主持的调解,劳动部门对劳动争议的调解,公安部门对治安争议的调解等。

四、我国的经济法律制度

(一)公司法

公司法的概念可表述为:规定公司的设立、组织、运营、变更、解散、股东权利与义务和其他公司内部、外部关系的法律规范的总称。

公司法的调整对象主要是指在公司设立、组织、运营或解散过程中所发生的社会关系。具体有:(1)公司内部财产关系。如公司发起人之间、发起人与其他股东之间、股东相互之间、股东与公司之间在设立、变更、破产、解散和清算过程中所形成的带有经济内容的社会关系。(2)公司外部财产关系。主要指公司从事与公司组织特征密切相关的营利性活动,与其他公司、企业或个人之间发生的财产关系,如发行公司债券或公司股票。(3)公司内部组织管理与协作关系。主要指公司内部组织机构,如股东会或股东大会、董事会、监事会相互之间的关系,公司同公司职员之间发生的管理与被管理关系。(4)公司外部组织管理关系。主要指公司在设立、变更、经营活动和解散过程中与有关国家经济管理机关之间形成的纵向经济管理关系。如公司的设立、审批、登记,股份与公司债务的发行审批、交易管理,公司财务会计的检查监督等。

(二)消费者权益保护法

消费者权益保护法是调整在保护公民消费权益过程中所产生的

社会关系的法律规范的总称。一般情况下,我们所说的消费者权益保护法是指1993年10月31日颁布、1994年1月1日起施行的《中华人民共和国消费者权益保护法》。该法的颁布实施,是我国第一次以立法的形式全面确认消费者的权利。此举对保护消费者的权益,规范经营者的行为,维护社会经济秩序,促进社会主义市场经济健康发展具有十分重要的意义。

根据消费者权益保护法的规定,该法的适用对象可以从以下三方面理解:消费者为生活消费需要购买、使用商品或者接受服务的,适用消费者权益保护法。所谓消费者,是指为个人生活消费需要购买、使用商品和接受服务的自然人。消费者的权利,是指在消费活动中,消费者依法享有的各项权利的总和。消费者权益保护法为消费者设立了相互独立又相互关联的九项权利:安全保障权、知悉真情权、自主选择权、公平交易权、获取赔偿权、结社权、获得相关知识权、受尊重权、监督批评权。消费者和经营者发生消费者权益争议的,可以通过下列途径解决:与经营者协商和解,请求消费者协会调解;向有关行政部门申诉,提请仲裁;向人民法院提起诉讼。

(三)个人所得税法

税收是国家为了实现其职能的需要,凭借政治权力,依照法律规定的程序对满足法定课税要件的自然人和法人所征收的货币或实物。一般认为,税收具有三个基本特征:法定性、强制性、无偿性。

税法是调整税收关系的法律规范的总称。税法由税收体制法、税收征纳实体法、税收征纳程序法等子部门法所组成。其中,税收征纳实体法主要包括商品税法、所得税法、财产税法和行为税法。商品税法主要包括增值税法、消费税法、营业税法等。所得税法主要包括企业所得税法和个人所得税法。财产税法主要包括资源税法、房产税法、车船税法等。行为税法主要包括印花税法等。

个人所得税是以个人的所得为征税对象的一种税。纳税人为在中国境内有住所,或者无住所而在中国境内居住满1年的个人(居民纳税人)，以及在中国境内无住所又不居住或者在境内居住不满1年但又来源于中国境内所得的个人(非居民纳税人)。个人所得税的征税对象为应税所得，具体包括：工资、薪金所得，个体工商户的生产、经营所得，对企事业单位的承包经营、承租经营所得；劳务报酬所得；稿酬所得；特许权使用费所得；利息、股息、红利所得；财产租赁所得；财产转让所得；偶然所得；经国务院财政部门确定征税的其他所得。

第三节　我国的程序法律制度

一、我国的民事诉讼法律制度

人们在社会生活中，难免会发生各种民事纠纷，如离婚纠纷、损害赔偿纠纷、房屋产权纠纷、合同纠纷、著作权纠纷等。民事纠纷若不能得到妥善解决，不仅会损害当事人合法的民事权益，而且可能波及第三者，甚至影响社会的安定。因此，各国都很重视民事纠纷的解决并建立了相应的处理民事纠纷的制度。各国解决民事纠纷的制度即方式主要有以下三种：调解、仲裁、民事诉讼。民事诉讼是指法院在当事人和其他诉讼参与人的参加下，以审理、判决、执行等方式解决民事纠纷的活动，以及由这些活动产生的各种诉讼关系的总和。

(一)我国民事诉讼法的基本制度

我国民事诉讼法的基本制度有：合议制、回避制、公开审判制、两审终审制。

合议制是指由若干名审判人员组成合议庭对民事案件进行审理的制度。实行合议制，是为了发挥集体的智慧，弥补个人能力上的不足，以保证案件的审判质量。按合议制组成的审判组织，称为合议庭。根据民事诉讼法的规定，在不同的审判程序中，合议庭的组成人员有所不同。总的来说，合议庭由3个以上的单数的审判人员组成。合议庭评议，实行少数服从多数的原则。

回避制度是指为了保证案件的公正审判，要求与案件有一定的利害关系的审判人员或其他有关人员,不得参与本案的审理活动或诉讼活动的审判制度。根据民事诉讼法的规定,适用回避的人员包括:审判人员(包括审判员和人民陪审员)、书记员、翻译人员、鉴定人、勘验人员等。根据民事诉讼法第四十五条的规定,具有下列情形之一的,应予以回避:第一,审判人员或其他人员是本案当事人或当事人、诉讼代理人的近亲属;第二,审判人员或其他人员与本案有利害关系;第三,与本案当事人有其他关系可能影响对案件的公正审理。

公开审判制度是指人民法院审理民事案件,除法律规定的情况外,审判过程及结果应当向群众、社会公开。所谓向群众公开,是指允许群众旁听案件审判过程(主要是庭审过程和宣判过程);所谓向社会公开,是指允许新闻记者对庭审过程作采访,允许其对案件审理过程作报道,将案件向社会披露。

两审终审制度是指一个民事案件经过两级人民法院审判后即告终结的制度。依两审终审制度,一般的民事诉讼案件,当事人不服一审人民法院的判决、允许上诉的裁定,可上诉至二审人民法院,二审人民法院对案件所做的判决、裁定为生效判决、裁定,当事人不得再上诉。最高审判机关——最高人民法院所做的一审判决、裁定,为终审判决、裁定,当事人不得上诉。

(二)诉

民事诉讼中的诉,是指当事人就特定民事争议向法院提出的保护自己民事实体权益的请求。诉是由当事人提出的,向法院提出,诉是一种请求。

按照当事人诉讼请求的目的和内容不同,可以把诉分为确认之诉、给付之诉、变更之诉。确认之诉,是指原告请求法院确认与被告之间是否存在某种民事法律关系的诉。确认之诉的客体为法律关系,不包括事实和事实关系。给付之诉,是指原告请求法院判令被告向其履行特定给付义务的诉讼。在给付之诉中,原告要求被告履行的给付义务既包括给付一定数额的货币或财产,也包括为或不为某种特定的行为。变更之诉又称形成之诉,是指原告请求法院以判决改变或消灭既存的某种民事法律关系的诉。原告需要借助法院的判决来改变既存的法律关系时,才有必要提起形成之诉,如果可以通过民法上的形成权以单方的意思表示即可使法律关系发生变更时,则无须提起变更之诉。

(三)起诉的条件

起诉是指公民、法人和其他组织在其民事权益受到侵害或与他人发生争议时,向人民法院提起诉讼,请求人民法院通过审判予以司法保护的行为。

当事人的起诉要得到人民法院的受理,必须具备法律规定的起诉条件。第一,原告必须是与本案有直接利害关系的公民、法人或其他组织,同时原告必须是由于自己的民事权益受到侵害或与他人发生争议向人民法院提起诉讼。第二,有明确的被告。第三,有具体的诉讼请求、事实和理由。第四,属于人民法院受理民事诉讼的范围和受诉人民法院管辖。起诉必须同时具备上述四个条件。

二、我国的刑事诉讼法律制度

我国刑事诉讼是指人民法院、人民检察院和公安机关(含国家安全机关等其他侦查机关,下同)在当事人及其他诉讼参与人的参加下,依照法律规定的程序,解决被追诉者刑事责任问题的活动。刑事诉讼具有如下特征:由人民法院、人民检察院和公安机关主持进行;是实现国家刑罚权的活动;依照法律规定的程序进行;在当事人和其他诉讼参与人的参加下进行。

(一)刑事诉讼法的基本原则

刑事诉讼的基本原则是指反映刑事诉讼理念和目的的要求,贯穿于刑事诉讼的全过程或者主要诉讼阶段,对刑事诉讼过程具有普遍或者重大指导意义和规范作用,为国家专门机关和诉讼参与人参与刑事诉讼必须遵循的基本行为准则。具体包括:侦查权、检察权、审判权由专门机关依法行使；严格遵守法律程序；人民法院、人民检察院依法独立行使职权；分工负责，互相配合，互相制约；人民检察院依法对刑事诉讼实行法律监督；各民族公民有权使用本民族语言文字进行诉讼；犯罪嫌疑人、被告人有权获得辩护；未经人民法院依法判决，对任何人都不得确定有罪。

（二）刑事证据

刑事证据具有以下三个紧密联系的基本特征：客观性是指证据是客观存在的，不以人的主观意志为转移。关联性是指证据必须与案件事实有客观联系，对证明刑事案件事实具有某种实际意义。合法性是指对证据必须依法加以收集和运用。证据的合法性是证据客观性和相关性的重要保证，也是证据具有法律效力的重要条件。

（三）死刑复核程序

死刑复核程序是一道十分重要的审判程序。这一程序的设置充分体现了我国对适用死刑一贯坚持的严肃与谨慎、慎杀与少杀的方针政策，对于保证办案质量，正确适用死刑，坚持少杀，防止错杀，切实保障公民的人身权利、财产权利和其他合法权益，保障社会的长治久安均有重要意义。具体表现在：死刑复核程序有利于保证死刑适用的正确性；死刑复核程序有利于控制死刑的适用，实现少杀、慎杀的刑事政策，有效防止和纠正冤假错案；死刑复核程序还是严格死刑规格、统一执法尺度的关键程序。

三、我国的行政诉讼法律制度

行政诉讼是法院应公民、法人或者其他组织的请求，通过审查行政行为合法性的方式，解决特定范围内行政争议的活动。在我国，行政诉讼与刑事诉讼、民事诉讼并称为三大诉讼，是国家诉讼制度的基本形式之一。

（一）行政诉讼的受案范围

根据行政诉讼法第十一条，人民法院应当予以受理的行政案件有:(1)行政处罚案件。(2)行政强制措施案件。(3)侵犯法律规定的经营自主权案件。(4)行政许可案件。(5)不履行法定职责案件。(6)行政给付案件。(7)违法要求履行义务案件。(8)其他侵犯人身权、财产权的案件。(9)法律、法规规定的可以起诉的其他行政案件。(10)司法解释规定的行政案件。

(二)不予受理的案件

根据行政诉讼法第十二条和《行诉法解释》第一条第二款,人民法院不予受理的情形包括:国家行为;抽象行政行为;行政机关对其工作人员的奖惩、任免等决定;法律规定由行政机关最终裁决的具体行政行为;公安、国家安全等机关依照刑事诉讼法的明确授权实施的行为;行政机关的调解行为和仲裁行为;不具有强制力的行政指导行为;驳回当事人对行政行为提起申诉的重复处理行为;对公民、法人或其他组织的权利义务不产生实际影响的行为;司法解释规定的其他案件。

四、仲裁和调解制度

仲裁作为一个法律概念有着其特定的含义,即仲裁是指发生争议的双方当事人,根据其在争议发生前或争议发生后所达成的协议,自愿将该争议提交中立的第三者进行裁判的争议解决制度和方式。仲裁具有以下三要素:仲裁是以双方当事人自愿协商为基础的争议解决制度和方式;仲裁是由双方当事人自愿选择的中立第三者进行裁判的争议解决制度和方式;经由当事人选择的中立第三者做出的裁决对双方当事人具有约束力。

(一)仲裁范围

仲裁的适用范围也称仲裁对象。它是指仲裁作为一种解决纠纷的方式,可以解决哪些纠纷,不能解决哪些纠纷,也就是纠纷的可仲裁性问题。

仲裁范围是由仲裁法加以规定的。根据我国仲裁法第二条和第三条的规定,平等主体的公民、法人和其他组织之间发生的合同纠纷和其他财产权益纠纷,可以仲裁。下列纠纷不能仲裁:婚姻、收养、监护、扶养、继承纠纷;依法应当由行政机关处理的行政争议。

（二）仲裁协议

仲裁协议是指双方当事人自愿将他们之间已经发生或者可能发生的争议提交仲裁解决的书面协议,是双方当事人所表达的采用仲裁方式解决纠纷意愿的法律文书,是将双方当事人之间的仲裁合意书面化、法律化的形式。在民商事仲裁中,仲裁协议是仲裁的前提,没有仲裁协议,就不存在有效的仲裁。

仲裁协议包括合同中订立的仲裁条款和以其他书面方式在纠纷发生前或者纠纷发生后达成的请求仲裁的协议。仲裁协议主要包括以下三种类型:仲裁条款、仲裁协议书和其他有关书面文件中包含的仲裁协议。

仲裁协议的法律效力即仲裁协议所具有的法律约束力。一项有效的仲裁协议的法律效力包括:对双方当事人的法律效力——约束双方当事人对纠纷解决方式的选择权;对法院的法律效力——排除法院的司法管辖权;对仲裁机构的法律效力——授予仲裁机构仲裁管辖权并限定仲裁的范围。

仲裁条款的独立性,也称仲裁条款的可分割性或可分离性。它是指作为主合同的一个条款,尽管仲裁条款依附于主合同,但其效力与主合同的其他条款可以分离而独立,即仲裁条款不因主合同的无效而无效,也不因主合同的被撤销而失效,仲裁机构仍然可以依照该仲裁条款取得和行使仲裁管辖权,在该仲裁条款所确定的提交仲裁的争议事项范围内,解决当事人之间的纠纷。我国仲裁法第 19 条规定:仲裁协议独立存在,合同的变更、解除、终止或者无效,不影响仲裁协议的效力。

阅读书目

1. 马克思、恩格斯:《共产党宣言》,《马克思恩格斯文集》第2卷,人民出版社2009年版。

2. 中共中央政法委员会:《社会主义法治理念读本》,中国长安出版社2009年版。

3. 中华人民共和国国务院新闻办公室:《中国的法治建设》,外文出版社2008年版。

学习思考

1. 如何理解我国宪法的特征和基本原则?

2. 如何理解我国宪法规定的公民的基本权利和基本义务?

3. 如何理解犯罪?如何理解仲裁?

第八章　遵守行为规范　锤炼高尚品格

有什么样的思想，就有什么样的行为；有什么样的行为，就有什么样的习惯；有什么样的习惯，就有什么样的性格；有什么样的性格，就有什么样的命运。

——查·艾霍尔

如果你做事缺乏诚意，或者迟迟不愿动手，那你即使有天大本事，也不会有什么成就。

——狄更斯

这个世界唯有两样东西能让我们的内心受到深深的震撼，一是我们头顶上灿烂的星空，一是我们内心崇高的道德法则。

——康　德

故学至乎礼而止矣，夫是之谓道德之极。

——荀　子

行为规范是人们在社会实践和社会交往过程中形成的调整一定社会关系，约束人们行为的规则或标准。大学生应遵守的行为规范主要包括学习行为规范、交往行为规范和网络行为规范，遵守行为规范对大学生品德养成有非常重要的意义。大学生应自觉加强道德修养和法律修养，锤炼高尚品格，为应对和解决走向社会、立业成家等人生重大课题打下良好的基础。大学生品格修养的主要方向有诚信、公正和敬畏；大学生品格养成的基本路径有知行合一、自律自省和慎独慎思。

第一节　大学生应遵守的行为规范要点

行为规范是人们在社会实践和社会交往过程中形成的调整一定社会关系,约束人们行为的规则或标准。自觉遵守行为规范,养成良好的行为习惯,是促成个人品德养成的重要途径,大学生应遵守的行为规范主要包括学习行为规范、交往行为规范和网络行为规范。

一、大学生的学习行为规范

学习行为规范是指在学习过程中产生的,以是否遵守学习纪律为评价标准,并需要依靠大学生内心信念来维系的行为准则。21世纪是知识经济时代,知识更新频繁,文化软实力竞争加剧,对高质量人才的需求加大,这些变化对大学生来说既是机遇又是挑战。对大学生而言,为了能抓住机遇、迎接挑战,需要通过努力学习,精深掌握全面的专业知识,同时,在学习过程中,需要遵守相关的学习规范,形成良好的学习风格。

(一)规范学习习惯

学习习惯是在正确的学习目标、学习态度的指导下,在长期的学习活动中养成的,是一个人学习规范的外在体现。学习习惯是学生所形成的关于学习自动化的行为方式,即学生在学习活动过程中所形成的一贯的稳定的学习行为方式。学习习惯具有以下的特征。

后天习得性。学习习惯并非天生形成,它是后天习得养成的。"择其所乐,必先有习,乃得为之"(《陈政事疏》)。孔子曰:"少成若大性,习惯成自然。"而后天养成却离不开反复练习。但养成学习习惯之练习与学习本身之练习是差别的。作为学习之练习,旨在灵活地掌握某种知识、培养某种技能,它要求练习的方式千变万化,以求增强学习内容的迁移性。然而,形成学习习惯的练习却更多地依赖简单的重复,且这种简单重复常常有固定的情境及固定时间,但无需多种形式的变换练习。

稳定性。由于学习习惯是在一种特定情境中重复某种行为方式，因此学习习惯具有稳定性。在同样或者类似的情境之中，一旦这种稳定的学习行为方式被改变或者被中断，这时行为人就会在心理上产生不愉快的情感体验。

自动性。从心理机制角度来看，学习习惯是经过长期的积累和强化，且最终建立而成的一种关于学习行为的定型化和自动化的条件反射系统。因此自动性是学习习惯的十分重要的特征。自动化学习习惯其实质是一种特殊学习行为方式的熟练，但又与熟练有所不同，其不同主要表现在主体的参与意识方面，熟练是在有意识的反复练习中形成的。而学习习惯的形成并非都是有意识练习的结果。

情感依赖性。学习习惯一经形成后，如果这种行动一旦中断就会让人感到不安。这表明学习习惯一旦形成，常常会督促大学生在相同或相似的情境中完成特定的学习行为方式。否则，就会导致负面的情绪和情感体验。

对大学生来说，良好的学习习惯不仅是其适应大学生新阶段的重要体现，更是其终身学习不可或缺的重要品格。规范学习习惯对人的成长成才具有重要的价值。

（二）严明学习纪律

学校教育如果要想在正常的秩序中运作，严明纪律尤其是学习纪律是一个不可或缺的手段。为了维护学校生活正常运行，每个大学生需要规范自己的行为。在这个意义上来看，纪律教育是规范学生学习行为的一种重要途径。维持高校纪律，培养大学生的纪律精神，也一向作为学校常规且备受重视。

学习本身就是一个开放性的行为，但在一定的环境和空间中，特别是在现代群体学习的形式下，学习纪律的约束是维持人们高效率学习和保证学习计划顺利进行的重要手段之一，遵守学习纪律的意识是学习过程中必不可少的素养。同时，学习纪律的遵守也是大学生学习行为的评价标准。学习的主体只有在具备遵守学习纪律的意识下,才会避免违反学习行为规范的行为的发生,减少学习上不道德现象的发生。同时,在学习中要严格遵守科学道德和学术规范,防止弄虚作假、剽窃他人成果等行为的发生。

二、大学生的交往行为规范

人际交往是指人与人之间心理和行为的沟通过程。它是社会的主体——人在社会实践中相互交流、相互沟通、相互作用、相互影响的活动。人际交往是主体——人的本质的存在方式,如马克思所说的,人的本质为"一切社会关系的总和",而关于人际交往马克思形象地将其比喻为"人类历史的必然旅伴","人类日常生活、日常接触中的必然伴侣"。人际交往有利于积累知识、掌握技能、开阔视野,进而促进社会发展和自我发展。美国著名心理学家卡耐基曾强调:"一个人的成功只有15%取决于他的专业技能,另外的85%依靠人际关系和处事技巧。"对大学生而言,人际交往是其大学阶段的必修课。

(一)大学生人际关系的特征

平等性和功利化并存。人际交往是一个互益的过程,或是为了交流信息,或是为了满足情感的需求。大学生尽管来自不同的地方,风俗习惯、语言等方面虽然存在着不同,在交往中有时也会出现矛盾,但这些矛盾基本上都是能化解的。因此,大学生之间的人际交往具有团结友爱、平等互助的特性。然而,随着市场经济的发展,大学生的人际交往在一定程度上受到了拜金主义的影响,利益关系已悄然地渗入大学生的人际交往中。目前,大学生的人际交往中已出现一些功利化倾向。带有功利化的人际交往很可能会导致个人主义,极不利于平等的人际关系的维系和和谐人际关系的构建。

稳定性与扩展化并存。大学生的活动范围具有相对的稳定性,其接触的对象主要是老师和同学,其交往的目的是为了交流思想、联络感情、切磋学习、探讨人生、激励志趣和关心国事。但是,随着就业的市场化,许多大学生为顺应时代要求,为在群体社会中获得更大的生存发展空间,他们开始打破以往首属群体稳定性的交往,有意识拓展交往的范围,转向次属群体的交往,使纵向交往即深层次的交往减少,出现了横向交往幅度拓展化倾向。尽管如此,从交往群体的亲密度来看,首属群体关系最为亲密、和谐和融洽,而次属群体的关系则不十分密切,处于交往的核心圈子以外的群体。

(二)规范人际交往的原则

要想有和谐的人际关系,需要规范人际交往的原则。人际交往原则是指交往者在交往活动中应该遵循的准则,它是交往活动的出发点和前提。大学生在人际交往中应该坚持如下原则。

平等互惠原则。平等互惠是建立良好人际关系的基础之上的,也是人际交往中最基本的规范。在人际交往中,要想受到别人尊重,首先就要学会尊重别人。当人们感觉到你对他的尊重,才感觉到自我存在的价值,也才能发现你存在的价值。有调查显示,凡是优越感很强、喜欢显示个人家庭背景的大学生人缘非常差,因为不能平等与人交往的人,是不会被他人接纳的。因此,只有相互尊重、相互关心、相互帮助,才能做到互利互惠。就互惠互利本身来看,它符合市场经济的道德规范;就市场经济本质来看,平等互惠是一种信誉的手段,是市场经济不可或缺的基本精神;就基本道德价值观来看,它体现了社会主义人际交往的基本精神。

诚实守信原则。诚实守信原则是指人际交往中不虚伪、襟怀坦荡、言行一致、信守承诺。真诚待人被认为是人际交往中最重要的规范。任何人在人际交往过程中都希望得到别人的信任,而人若不诚实守信,就无法得到别人的信任,人际交往就无法深入,人际关系就不能维持和发展。因此,要想拥有良好的人际关系,首先要做到诚心、诚实、诚恳。诚实守信是做人的根本。俗话说:“诚实无欺,做人根基。”在人际交往中,诚信是处理人际交往最基本的道德要求。只有彼此抱着心诚意善的动机和态度,待人如待己,才能够相互理解、接纳和信任，使交往得以延续、巩固、发展和深化。因此，说老实话、办老实事、做老实人是做人的基本准则，以诚待人、相互信任是现代人处事待人、取得理想交往效果的重要原则。

相互包容原则。在人际交往过程中，每个人都会有自己的个性，这意味着人与人之间常常会因为意见不同引发冲突，如何化解冲突？这需要做到宽以待人、通情达理和善解人意。人际交往中难免会遇到不愉快的事，这需要解决问题的智慧，需要学会宽容、克制和忍耐，做到求同存异。苏轼说得好："匹夫见辱，拔剑而起，挺身而斗，此不足为勇也。……此其所挟持者甚大，而其志甚远也。"大学生在进行人际交往时，要学会宽容，学会换位思考，学会设身处地为对方着想，这样就能包容接纳他人。所谓"宰相肚里能撑船"，说的就是要容忍别人犯错误，这样一旦自己有了错误，才能获得别人的谅解。因此，在人际交往中，奉行宽容的原则，才能够和别人和谐相处。

三、大学生的网络行为规范

网络行为规范是指在网络环境下，调节人与人以及人与社会之间关系的一种特殊的行为准则。从功能上来看，网络行为规范就是要通过引导和约束网络上人与人之间的行为，达到保障网络有序运行的目的。网络行为规范是网络生活中应当遵循的行为准则的总和。大学生网络行为规范主要包括以下内容。

（一）网络道德规范

网络世界同现实社会有着非常大的差别。在网络世界中，网络行为失范现象比较严重。

传播错误信息。互联网的发展给传播信息带来极大的便捷。人既可以是诉说者，也可以倾听者，更可以自由地传播信息。正如约翰·诺顿所说的那样："互联网上的东西五花八门、无奇不有。"利用互联网络的便利，将自己拥有的信息传播权利错误地用到传播虚假的信息上，如传播虚假新闻消息、散播各种传言以及商品服务信息等，这些网络行为会造成不良后果,导致网络信息传播中出现失范行为。

浏览不良信息。互联网连接着不可计数的存储设备,建构起庞大的信息数据库,蕴藏着庞大的信息数据。如此多的信息数据,并非都是积极向上有价值的信息,很多是无用的信息,甚至可能是有害信息。由于网络信息浏览带有很大的自由性,人们可以自由地不受任何限制地浏览。不良乃至有害信息的浏览,极有可能埋藏下了行为失范的种子。互联网上不良信息常常引诱着大学生并严重地危害着大学生的身心健康。

获取非正当信息。大学生获取非正当信息也是网络行为失范的一种类型。互联网上许多信息内容都是免费的,不过,隐藏在所谓的"免费"背后的是许多信息权益侵害的行为。比如,网上免费的应用软件作品、免费的音乐、免费的学术著作和论文甚至新闻报道等,可以很方便地被他人保存、复制、转载。殊不知,如果大学生参与这些信息传播,不经意间就成了非正当信息获取行为。

大学生要预防网络失范行为,需要接受道德教育。道德教育是规约大学生网络行为的根本。大学生通过道德教育和个人道德修养所形成的网络行为规范,是个体对网络道德要求认同和践行的结果,集中体现了道德认知、道德情感、道德意志和道德行为的内在统一。一个人的道德由低到高可以分为四个层次:道德认知、道德情感、道德意志和道德行为。道德认知是关于道德的知识,譬如在考试中,学生可以运用这些知识回答道德问题,获得高分,但他们对道德知识未必能产生内在认同,也不一定会按照道德知识去规范自己的言行。对于个体而言,只有经过内化和认同,特别是情感性认同,个体的道德知识才有意义,才可能产生合乎道德知识的道德行为。个人品德的锤炼还需要实现两个飞跃。第一个飞跃是从道德认知到道德行为。这一飞跃的实现需要情感的参与,所谓动之以情、晓之以理,说的就是这个意思。道德行为是实践层面的品德,经过个体的内化和认同后,道德知识可以转化为道德行为。这个行为既可能源于个体自身的内在强迫性,用自己的认知指导自己的行为,是自身灵魂搏斗的结果;也可能源于组织、社会的外在强迫性,慑于外界规范。在网络世界中,大学生大多是以匿名的方式参与,依赖数字化编码的文字、图像和声音等相互传递信息,缺乏直观的道德舆论的监督,这预示着在网络社会中,需要个人的网络道德自律,同时也需要对网络法律规范的认知。

(二)网络法律规范

有学者通过调查发现,目前大学生对网络法律规范了解很有限。何为网络法规?有57%的大学生回答不了解。这表明对大学生进行网络法规教育很有必要。网络法规是调节在网络研究开发、应用和发展过程中,直接或间接地产生的种种技术问题和社会关系问题的准则,它是以规范网络空间中的各种社会行为为目的的。大学生网络法律规范分为技术性法律规范和网络社区法律规范两个方面。

技术性法律规范。网络是由高科技构成的虚拟空间,所以由它导致的许多问题,必须要通过技术性法律规范加以解决,才能收到预期的效果,达到约束网络主体行为的功效。大学生出现网络失范行为,一方面是由于道德教育不到位,另一方面是信息技术知识的缺乏。对大学生实施技术性法律规范教育,让大学生掌握国家对网络技术性方面的有关法律规范,从而自觉地通过法律规范约束自己的网络行为。

网络社区法律规范。网络社区法律主要调节在网络技术应用过程中所发生的社会关系和行为的规范,比如,网络域名问题、电子商务、信息网络经营、网络广告、网络税收、网上名誉权保护、网上隐私权保护、网上著作权保护等,它是在网络技术得以广泛应用之后的产物。目前,大学生网络失范行为问题严重,有的大学生不尊重他人知识产权,随意剽窃网上作品;有的大学生则利用自己掌握的网络技术,随意入侵公司或他人计算机系统,盗取机密,这些行为已构成了网络犯罪。因此,对大学生实施网络社区法律规范教育,旨在让大学生了解与网络社区相关法的律规定,达到规范大学生网络行为的效果。

目前,互联网技术在经济建设和社会各项事业中都得到日益广泛的应用,使人们的生产、工作、学习和生活方式发生深刻的变化,对于加快我国国民经济、科学技术的发展和社会服务信息化进程具有重要作用。同时,如何规范网络行为,保障互联网的运行安全和信息安全问题也引起了全社会的普遍关注。

第二节 大学生品格修养的主要方向

大学生的品格是其在道德行为中所表现出来的较为稳定的个人特征,它是一定社会道德原则和规范在个人意识和行为中的体现,是个体道德面貌的标志。良好的品格不是天生的,它需要后天的修养,大学生品格修养的主要方向有明礼、诚信和敬畏三个方面。

一、明礼

中华民族素有礼仪之邦的美称。谦虚礼貌是中华民族的传统美德。《礼记》曰:“君子恭敬撙节,退让以明礼。”《周易》专设一卦曰“谦”卦,提倡为人须作“谦谦君子”。2001 年中共中央印发的《公民道德建设实施纲要》,首次系统明确地提出“爱国守法、明礼诚信、团结友善、勤俭自强、敬业奉献”20 字的公民基本道德规范。“礼”对于大学生的品格养成的意义主要表现在以下方面。

“礼”是大学生安身立命之本。孔子曾经说过:“不学礼,无以立。”在孔子看来,一个人不学习礼仪,就不能成为一个具有独立人格的人,因此他提倡人们要“学礼”“知礼”,并且“立于礼”。可以说,“礼”是孔子思想的灵魂,是支撑他一生实践的信仰。对大学生品格养成来说,“礼”具有双重意义,是价值与规范、形而上和形而下的统一体。作为形而上之“礼”,它是仁、义、忠、孝、勇等伦理道德的统摄,是一种精神信仰,神圣而庄严;作为形而下之“礼”,它是道德规范,真实且可行。以“礼”来修养自我时,须兼顾到“礼”的双重意义,如果离开规范谈“礼”,“礼”有落空的危险,它就失去了现实性;离开伦理道德和精神信仰谈“礼”,“礼”有僵化的危险,它就失去了神圣性。这表明“礼”看起来属于外在的形式法则,而这一外在形式的东西是调节人情和稳定群体生活秩序的需求,是内心信仰的表现,是安身立命之根本。

“礼”是大学生品格养成的重要元素。“礼”是现代大学生品格修养的重要内容。作为一种人生理想,“明礼”构成一种生活形式,它不断推动着大学生提升自我。“明礼”的首要目标就是塑造文质彬彬的君子,文质彬彬是文明在个体生命中的融贯形式,它是人内在生命之和谐形态,是一种音乐式的生命与精神生活形态,因此,孔子将人格教养的过程概括为“兴于诗,立于礼,成于乐”。当下“礼”的生命还在延续,它是品格养成的重要元素,赫尔岑说:“生活里最重要的是有礼貌,它比最高的智慧,比一切学识都重要。”“礼”又是道德规范的重要组成部分,正如邓拓所说:“在我们看来,所谓礼就是规矩、准见、法度的意思。”每个人来到世上,学习做人就是从文明礼貌开始的。随地吐痰,遇老弱病残不让座,见困难无助者不援手,三句话未完就大发脾气,这些都是没有礼貌、缺少教养的表现。

“礼”是大学生人际交往的金钥匙。讲礼貌是中华民族世代相传的美德,“礼”已经成为国人的座右铭。历史上广为流传的“孔融让梨”“信陵君礼贤下士”等故事,都彰显了中华民族这一美德。在社会礼仪中,在待人接物时,在与人相处中,讲究礼貌,应该是人类社会共同遵守的规范。法国的启蒙思想家和社会学家孟德斯鸠曾经说过:“礼貌使有礼貌的人喜悦,也使那些受人以礼貌相待的人们喜悦。”大学生应该注意在公共场所不可大声喧哗;在公共汽车上主动给老弱病残和需要照顾的人让座。平时与人相处时,要记住常说“对不起”“谢谢”等。大学生应该把文明礼貌作为处世的行为准则,把“礼”作为人际交往的金钥匙,促成社会形成文明礼貌的风尚。

大学生在以“明礼”作为自我修养的方向时,一定要注意传统文化中优秀的礼仪还应与现代社会的要求相一致。比如西方的“女士优先”之礼,就是我们的传统礼仪中所匮乏的,它闪烁着男女平等的现代文明之光;再如经济全球化时代,国际交往增多,西餐桌上的礼仪,我们也应该学习。换言之,只要于我有用,就可以为我所用。从这个意义看,“明礼”具有时代性。当下社会的文明礼仪,应该融汇古今中外之“礼”,这样才能以全新的“礼”来促进大学生优秀的品格养成。

二、诚信

诚信就是诚实守信,诚信是对“明礼”规范的进一步深化和升华,即古人所说的“礼于外,诚于内”。诚实就是真实无欺,既不自欺,也不欺人;守信就是重诺言,讲信誉,守信用。诚实与守信是统一的。就个人而言,诚实守信是高尚的人格力量;就单位而言,诚实守信是宝贵的无形资产;就社会而言,诚实守信是正常秩序的基本保证;就国家而言,诚实守信是良好的国家形象。

诚实守信是中华民族的传统美德。在我国传统道德中,诚实守信被看作“立身之本”“举政之本”“进德修业之本”。孔子甚至认为,可以“去兵”“去食”,但不可以“去信”。尽管世事更替、时代变迁,中华民族讲究诚信的精神始终延续不断。在发展社会主义市场经济、建设社会主义和谐社会的过程中,更加需要大力倡导诚实守信的美德。

首先,诚实守信是市场经济条件下经济活动的一项基本道德准则。市场经济是讲究信用的经济,社会主义市场经济更要注意发挥包括诚信在内的社会主义道德对推动社会主义市场经济健康发展的巨大作用。市场经济越发达,对诚实守信的道德要求就越高。

其次,诚实守信是职业道德的一项基本要求。它要求各行各业的从业人员在自己的工作岗位上,都要诚实劳动、实事求是,杜绝弄虚作假、虚报浮夸现象。

最后,诚实守信是做人的一项基本道德准则。它要求人们为人诚恳,待人诚实,做事实在,追求信誉,等等。诚信既是一个人安身立命、为人处世应当遵循的基本准则,也是一个社会维持正常秩序和有效运行的必然要求。实践证明,把诚信建设作为公民道德建设的重点来抓,能够带动和促进整个公民道德建设取得实际效果和实质进展。对大学生来说,诚信是其品格修养的方向,主要表现在以下方面。

诚信是大学生立身处世的根本准则。诚信是大学生人际交往中要坚持的原则,更是大学生品格养成中要坚持的方向。它要求大学生在品格养成的过程中坚持认真求实、言行一致,做到尊规重约、表里如一,杜绝弄虚作假、恶意欺骗。因此,诚实守信对大学生来说,既是一种行为规范,又是一种道德要求,还是一种价值评价的标准。具体来说包含三层含义:第一,诚信是大学生做事做人必须遵守的行为准则;第二,诚信是一种伦理精神和价值取向,它引导大学生追求善的人生态度和美的精神境界,是提高大学生精神境界的内在要求;第三,诚信与否是评判大学生品行好坏、能否值得信赖的评价标准,在社会交往中,它是衡量个人能否获得认同和持续性交往合作的重要尺度。因此,诚信涵盖着行为规范、伦理精神及人格品质评价等多层次要求。

诚信是大学生树立理想信念的基础。一个没有诚信品德的人,不可能有坚定的理想信念。一个平时不讲诚信的人,关键时刻不可能为崇高的理想信念做出牺牲。大学生只有养成诚实守信的道德品质,才能真正忠诚于国家和民族的事业,牢固确立在中国共产党领导下走中国特色社会主义道路、为实现中华民族伟大复兴终生奋斗的理想信念。诚信是大学生全面发展的前提。大学生只有以诚实守信为重点,加强思想道德修养,讲诚信、讲道德,言必信、行必果,诚心做事、诚实做人,言行一致、表里如一,自觉端正态度,坚守道德规范,才能不断提高思想道德素质,实现全面发展。

诚信是大学生进入社会的"通行证"。以诚信作为品格修养的方向,是大学生完善健康人格和追求高尚道德情操的内在要求,是迈向社会的必要准备,是进入社会的"通行证"。在短暂而宝贵的大学生活中,大学生不仅要汲取知识、掌握技能,更要提升自我和完善人格。这意味着大学生不仅要努力学习知识,而且要学会做人。对大学生进行诚信教育,有利于帮助他们进一步了解社会和客观公正地评价社会,进而帮助他们准确地规划和设计自己的人生;对大学生进行诚信教育,是社会主义市场经济发展的基本要求;对大学生进行诚信教育,是社会主义民主法制建设的需要。社会主义民主发展需要社会成员遵纪守法、相互信任,大学生作为推动社会主义民主发展的后备主力军,他们是否诚信守法,关系到社会主义建设事业的成败。对大学生进行诚信教育,是大学生成为国际性人才的必经途径。

大学生只有树立诚信为本的信用观念和道德意识,“以诚实守信为荣,以见利忘义为耻”,努力培养诚实守信的优良品质,奠定立足现代社会的道德基石,才能成为高素质的人才,承担起社会责任和历史使命。

三、敬畏

康德在《实践理性批判》中认为,值得我们赞叹和敬畏的是头上的灿烂星空和内心的道德律令。永恒的时空和有限的人生是不对称的,使得人类对死亡产生恐惧,且有足够的理由去敬畏生命。生而有限,人必须有尊严地活着,而富有敬畏感的生存才使人生有意义、有尊严。

当今时代,随着人们认识世界的水平愈来愈高、改造世界的能力愈来愈强,一些人的敬畏感却愈来愈淡漠,敬畏伦理所具有的神圣性、警示性和规范性也在逐渐弱化。这种趋势的存在,虽然在某种意义上充分肯定并张扬了人的主体性,但也相应地滋生、助长了人类病态的痴狂。回顾最近十年发生在大学校园的一些悲惨的事件:2004 年 2 月,云南大学化学院生物技术专业学生马加爵残忍杀害了自己的 4 名室友;2010 年 10 月 20 日,西安音乐学院大三学生药家鑫,驾车撞人后不仅不急救,反而又将受伤者刺了 8 刀致其死亡。除此之外,近些年来,由于学习、生活、情感和就业压力的增大,大学生自杀事件也呈上升趋势。大学生伤害他人生命或漠视自己生命,给家庭、学校和社会带来了深深的伤痛,并引发了社会各界的深思。发生这些悲剧,是因为部分大学生严重缺乏敬畏人生的意识。因此,大学生以敬畏作为品格修养的方向非常必要。

敬法畏律有助于大学生法制观念的培养。系统的法制观念,应该包括知法、守法、畏法和护法等诸多方面。知法,就是要知晓有关法律的规定,懂得法律允许我们做什么、提倡我们做什么和禁止我们做什么,如果我们违反了法律禁止的内容,我们就要受到法律制裁。因此,知法是守法的前提;守法,就是要自觉地遵守法律规定,这是法制观念的最基本要求。目前,大学生知法犯法的现象时有发生,在大学进一步进行守法教育任重而道远;畏法,就是要求大学生从内心深处敬畏法律,有强烈的法制意识。畏法不仅是对法律制裁的畏惧,更是对法律正义的追求,大学生如果能做到这一点,就能提高自我道德修养;护法,就是不畏邪恶,敢于同违法行为作斗争,勇于维护法律的尊严,勇于维护社会的正义,这也是敬法畏律观念的延伸。

不过,敬法畏律不同于畏惧法律,畏惧法律只能导致人们被动地、无奈地守法,甚至伺机钻法律的漏洞规避法律。只有人们真诚地敬畏法律,才能自觉地守法和护法。因此,大学生如果人人能发自内心敬畏法律,就能自觉地养成遵纪守法的习惯,恪守更多做人的基本伦理。这样,我们的校园会变得更美好,我们的社会也将更和谐。

敬畏是大学生内心和谐的道德基石。和谐是中国传统文化的范畴和基本精神,追求和谐、向往大同,是中华民族的不懈追求。在新时期,中国共产党人提出建设社会主义和谐社会,不仅是对中华优秀文化的批判继承,更是对先贤圣哲智慧的升华。和谐的本质在于既给他者以生存的权利,又对这种权利予以保护和发展。敬畏生命、善待生命,是大学生内心和谐的精神基础。大学生只有真正地对生命产生敬畏之心,我们的世界才会呈现出勃勃生机,我们才能感受到万物的灵动和美丽,我们才能体悟到生命的底蕴。不懂得善待生命,对生命缺乏足够的敬畏,就会逐渐消弭社会的温情,打破人与人、人与社会以及人与自然的和谐。

敬畏为大学生人格完善提借内在动力。大学生需要重视人格的培养和完善,因为人格是驱动个体实施道德行为的动力因素和价值导向。缺乏对美好的向往、对崇高的敬畏、对神圣的虔诚,缺乏对令人信服的真、令人感动的善、令人愉悦的美的追求,是不可能拥有健康、理想人格的。理想人格作为人类的一种精神追求,主要表现为社会成员的一种积极向上的思想观念,是对价值理想的信奉和遵循。理想人格为人们提供世界观、人生观和价值观,是人们奋发向上的精神支柱和行动指南。大学生敬畏感的培养对理想人格的塑造关系重大。对自然宇宙的敬畏,可以增强人们的环保意识,树立科学发展观,走可持续发展的道路;对社会历史的敬畏使人变得更加理智、宽容与豁达,从而能够从容地回顾历史、立足当下、展望未来;对生命的敬畏,可以使人们平等地对待一个个独立的生命体,既珍爱人的生命,又珍爱自然万物中的其他生命,维护生态平衡,为子孙后代留下更多的福祉;对法律法规的敬畏使人遵纪守法,增进社会的和谐;对真善美的敬畏,将使世界变得更加美好、人性更加完善。

总之,大学生要生存和发展,必须要提升自身的生命质量,展示生命存在的价值和意义,培养理想人格,而理想人格的培养过程,实质上就是在明礼、诚信和敬畏烛照下心灵的净化和人格的完善过程。

第三节　大学生品格养成的基本路径

大学生品格养成,应借鉴历史上思想家们所提出的各种积极有效的道德修养方法,并结合当今社会发展的需要和当代人道德修养的实践经验,身体力行,其基本途径主要包括以下几种。

一、知行合一

坚持修养的实践性,力求做到知行合一,是人生修养的真谛之所在。实践是人生修养的现实基础,没有实践,也就无所谓修养的效果。蔡元培曾经说过:“道德不是记熟几句格言,就可以了事,要重在实行。”明代的黄绾经常“悔恨发愤，闭户书室，以至终夜不寐，终日不食”，他还经常“以绳系手臂，又为木牌，书当戒之言，藏袖中，常检之以自警”。但是黄绾的道德修养从不与实践相结合，数十年后，他在思想修养上没有大的提升。由此可见，修养的提升需要积极参加实践，脱离实践的修养是盲目的，因而也是徒劳的；实践是人生修养的试金石，离开了实践，任何修养方法都不可能培养出优秀的品格和高尚的人格。大学生正处在迈向成熟人生的关键时期，勇于开拓进取的我们个个都有自己美好的愿望，人人都想创造出自己辉煌灿烂的人生篇章，但是我们必须清楚地知道，美好的人生愿望、灿烂的人生篇章不会从天而降，它来自于社会实践的锻炼。因此，我们要积极投身到社会主义现代化建设伟大实践中去，亲身感受时代跳动的脉搏，在实践中明志，在实践中成长。

大学生要坚持修养的实践性，力求知行合一。只有知行合一，修养才有不断升华的基础。列宁说过：“如果说，学习共产主义只限于领会共产主义著作、书本和小册子里的东西，那我们就很容易造就出一些共产主义的书呆子或吹牛家”①，而那些“善于把共产主义由背得烂熟的现成公式、意见、方案、指示和纲领变成同你们的直接工作结合在一起的活生生的东西”②，才能完成共产主义的任务。大学生品格养成的一个重要环节就是知行合一，投身实践则是实现知行合一的基本要求和途径，只有在社会实践中进行修养提升，才能真正提高修养的水平，提升人生的境界。

儒家先贤孔子一贯重视知行合一，主张对人的道德评价须兼顾“言”和“行”两方面，并更注重后者：“始吾于人也，听其言而信其行；今吾于人也，听其言而观其行。”孟子强调要想获得卓越的才能，形成完善的人格，必须自觉地接受各种严酷环境的磨炼和挫折的考验。荀

---

① 《列宁选集》第4卷，人民出版社1995年版，第282页。

② 《列宁选集》第4卷，人民出版社1995年版，第288页。

子则以“学至于行之而止矣”强调知行合一的重要性，强调道德学问不是外在的知识，道德学问必须同道德实践相结合才是真学问。

有句话说得好，不经风雨，难成大树；不受百炼，难成好钢。作为当代大学生，要想使自己品格优秀、意志坚强，更快、更好地实现自己的人生目标和理想，就必须选择一条正确的道路。这条道路就是投身到实践中去，在实践中锻炼成长。

二、自律自省

自律是指在无他人现场监督的情况下，约束自己一言一行，化被动为主动，自觉地遵守礼仪法度。因此，相对于传统重灌输的道德教育，现代的自律道德教育更重视学生自主性的发挥。自律最初是康德提出的，与他律构成的一对哲学伦理范畴。在康德看来，自律是道德主体的基本素质和要求，是主体的理性和良心，而不是外在的道德权威和道德力量来制定的伦理原则。因此，它是为追求道德本身的目的制订的伦理原则。自律需要主体的理性、信念等作为行为选择的驱动力和约束力，自律强调尊重人的主体性，强调自主、自治以及自我教育，它具有自主性、自觉性、内控性等特征。

对大学生而言，自律需要道德主体依靠自我良知去自觉、自愿地把握、检验和校正自己，确保自己的言行符合社会道德标准和规范。大学生的道德自律需要在自愿认同道德规范的基础上，将外在的道德要求转化为内在良好的自主行动，不需要外力而是完全依靠自我信念和良知自觉地约束自己的行为，使其符合社会道德标准和规范。自我良知是主体道德意识，是自律的主要表现形式。将自律作为道德品格培养的途径，意味着大学生在履行职责时，会自觉形成一种强烈的对社会、他人的责任意识。在这种责任担当的道德实践中，大学生也会增强对自我意图、行为、品格进行善恶评价的能力。

自律的核心要义是严格要求自己，经常躬身自省。自省是指从思想意识、情感态度、言论行动等各个方面去深刻认识自己、解剖自己，从而发现和找出自己身心及行为中的不良倾向、不良念头,并加以及时抑制和克服,提高自己遵守道德准则和规范的自觉性。《论语》中说:“吾日三省吾身:为人谋而不忠乎?与朋友交而不信乎?传不习乎?”在孔子看来,自省就是反观自身的精神性反思活动。倘若只有学习,而没有联系自身品行的反省,这样无助于个人品德的提升。自省即对自己内心的省视,通过自省,深刻反思自己的举止言谈、待人接物、为人处世的种种表现,进而做出自我评价,进行自我批评,调整自我行为,达到自我完善。正如苏霍姆林斯基所说:“一个人能进行自省,面对自己的良心进行自白,这是精神生活中的最高境界。”

三、慎独慎思

“慎独”作为一种提升道德修养的方法,强调的是道德主体内心信念所发挥的作用,体现了严格要求自己的道德自律的精神。如果说,自省还是通过外在规范来约束个体行为的话,那么,“慎独”则是依靠主体的道德自觉来实现。所谓“慎独”是指在独自活动无人监管的情况下,主体凭着高度自觉,按照一定的道德规范和准则行动,绝不做任何违反道德信念的事情。如果说自省是一种自律进取精神的话,那么“慎独”则是一种理性的自律,是一种崇高的人生境界。

“慎独”是我国道德教育的精髓,《大学》《中庸》《荀子》等经典中都明确提出了“慎独”思想。《礼记·中庸》中说:“莫见乎隐,莫显乎微,故君子慎其独也。”这句话的基本含义是,人们在闲居独处的情况下,最容易任情放纵,产生不合乎道德的行为。所以,“慎独”警示大学生在没有人监督的时候不仅不能放松自己,而且要更加注意对自己道德信念的坚守,在“隐”和“微”上做功夫。最隐蔽的东西最能看出人的品格,最微小的东西最能显示人的灵魂。刘少奇曾经说过:“一个经过认真修养的共产党员,即使他在独立工作,无人监督,有做各种坏事的可能的时候，他能够‘慎独’，不做任何坏事。”[①]大学生要在认识世界和改造世界的同时，自觉、认真地改造自己的主观世界，提高自己的人生境界，学会积极主动地自我扬弃，自尊自重，实践慎独，坚持慎独。

“慎独”的前提是“慎思”，大学生的品格养成离不开“慎思”。“思”不是胡思乱想，而是要在学习、工作的实践中，经常开动脑筋，勤于思考，慎于思考。在中国传统文化中，“慎独”作为一种修身之法和入德之方，其要义便是主体自我品格提升的方法，以“慎独”为品格养成要旨的《中庸》早就说过：“诚之者，择善而固执之者也。”“博学之，审问之，慎思之，明辨之，笃行之。”虚心学习，积极思考，辨别善恶，身体力行，才能养成良好的德性。一般来说，个体道德的培养离不开道德规范的学习，不学习便不懂得做人的规矩，也就不懂得善恶是非。因而，道德学习构成了修身之基础。孔子曾经说过：“好仁不好学，其蔽也愚；好知不好学，其蔽也荡；好信不好学，其蔽也贼；好直不好学，其蔽也绞；好勇不好学，其蔽也乱；好刚不好学，其蔽也狂。”以此可见道德学习非常重要。不过，光学习不思考是不行的，“学而不思则罔”，在学习道德知识的基础上，个体需要慎思，才能达至“极高明而道中庸”的境界。因此，提升道德修养，需要慎独慎思，需要“视思明，听思聪，色思温，貌思恭，言思忠，事思敬，疑思问，忿思难，见得思义”。

总之，大学生生活方式多样，价值取向多元。各种思潮常常良莠并存，各种诱惑侵蚀着我们的思想。在这样的背景下，我们要树立正确的人生观和价值观，力求做到知行合一，自觉地将道德要求转化为主体道德品质，要经常自省自律。无论何时何地，都能凭借高度自觉，按照一定的法律和道德规范去行动。要慎独慎思，不做任何违背法律和道德的事情，正所谓“仰无愧于天，俯无愧于地，中无愧于心”。

---

① 《刘少奇选集》上卷，人民出版社1981年版，第131页。

阅读书目

1. 李泽厚:《论语今读》,安徽文艺出版社 1998 年版。

2. 中共中央宣传部理论局:《中国梦 我的梦》,学习出版社 2013 年版。

3. 郭淑新:《敬畏伦理研究》,安徽人民出版社 2007 年版。

学习思考

1. 谈谈遵守网络规范对大学生成长成才的重要价值。

2. 联系实际,谈谈诚信在大学生品格养成中的重要意义。

3. 大学生应该具有什么样的形象?怎样才能把自己塑造为新时期合格的人才?

后 记

参加本教材编写的有刘桂荣（绪论、第八章），牛菲（第一章），李靖（第二章），郭理（第三章），赵冰（第四章），王艳（第五章），程敏（第六章、第七章）。全书最后由路丙辉统稿。

本教材的编写借鉴并吸收了马克思主义理论研究和建设工程重点教材《思想道德修养与法律基础》，以及许多专家学者的研究成果。对此，一并表示谢意。教材出版后，希望得到广大读者和学习者们的关心和支持，希望提出宝贵意见，以便进一步修改和完善。

本书编写组

2014 年 11 月 18 日